Elisa Springer

Il silenzio dei vivi

All'ombra di Auschwitz, un racconto di morte e di resurrezione

Marsilio

ISBN 88-317-6602-3

Alla memoria dei miei genitori,
dei miei cari e a tutti i martiri dei lager.

Al mio adorato figlio Silvio e a Claudia

Affido questo libro a tutti i ragazzi che avrei voluto conoscere, agli altri che ho incontrato, conosciuto, amato e che da me hanno voluto sapere...

La loro attenzione, le manifestazioni di affetto, la loro ansia di non dimenticare, l'esigenza di libertà e rispetto per l'uomo, sono diventati punti fermi, irrinunciabili, su cui costruire un mondo, una società, fatta di libertà e non di schiavitù, di giovani liberi e fratelli, giovani che sapranno trovare il modo e forse il tempo, di spiegare agli altri e a noi: se, e dove abbiamo sbagliato.

Loro, saranno i veri giudici del nostro passato e del loro domani.

Affido al loro verdetto, la storia della mia vita!

E.S.

INTRODUZIONE

1° novembre 1995: sono tornata ad Auschwitz.

Ho rivisto i reticolati, le torrette, quel che resta dei forni crematori e le baracche, dove ci raccoglievamo tremanti.

Ho risentito, nel silenzio assoluto di oggi, le voci e le invocazioni di ieri.

Ho capito che non bastano cinquant'anni, per cancellare il ricordo di un crimine così grande.

L'immagine di quei luoghi, e il dolore che ne derivò, sono impressi in maniera indelebile nei miei occhi: non mi hanno mai abbandonato.

Oggi più che mai, è necessario che i giovani sappiano, capiscano e comprendano: è l'unico modo per sperare che quell'indicibile orrore non si ripeta, è l'unico modo per farci uscire dall'oscurità. E allora, se la mia testimonianza, il mio racconto di sopravvissuta ai campi di sterminio, la mia presenza nel cuore di chi comprende la pietà, serve a far crescere comprensione e amore, anch'io allora, potrò pensare che, nella vita, tutto ciò che è stato assurdo e tremendo, potrà essere servito come riscatto per il sacrificio di tanti innocenti, amore e consolazione verso chi è solo, sarà servito per costruire un mondo migliore senza odio, né barriere.

Un mondo in cui, uomini liberi, capaci e non schiavi della propria intolleranza, abbattendo i confini del proprio egoismo avranno restituito, alla vita e a tutti gli altri uomini, il significato della parola Libertà.

Oggi ho compreso che Dio mi ha concesso di liberarmi dalla prigionia del passato, attraverso le pagine di questo libro.

Mi ha fatto amare dai ragazzi che ho incontrato, dai germogli del domani.

Loro volevano conoscere, e allora a essi ho potuto raccontare il bene e il male, l'amore e l'intolleranza, a loro ho fatto conoscere i volti dei miei compagni, esortandoli a essere visitatori liberi di Auschwitz, Bergen-Belsen Theresienstädt e di tutti gli altri lager, pellegrini d'amore e di speranza.

Un fiore... solo un fiore piantino, per ogni lacrima che cadrà dai loro cuori. Saranno loro, i fiori di quel deserto e lì, in silenzio, comprenderanno perché tanti milioni di innocenti, sono nati «solo» per morire.

IL SILENZIO DEI VIVI

1.

Lo strazio più grande, in questi cinquant'anni, è stato quello di dover subire l'indifferenza e la vigliaccheria di coloro che, ancora adesso, negano l'evidenza dello sterminio. Come tanti altri sopravvissuti, mi ero imposta di non parlare, di soffocare le mie lacrime nello spazio più profondo e nascosto della mia anima, per essere io sola, testimone del mio silenzio: così è stato fino a oggi!

Ho taciuto e soffocato il mio vero «io», le mie paure, per il timore di non essere capita o, peggio ancora, creduta. Ho soffocato i miei ricordi, vivendo nel silenzio una vita che non era la mia; non è giusto che io muoia, portando con me il mio silenzio.

Non è colpa né merito, nascere di religione ebraica, cattolica o protestante; nascere di razza bianca o nera. Siamo tutti figli di Dio, di un unico Dio, quel Dio che a me è stato negato e che, nonostante tutto, ho sempre, disperatamente, cercato!

A distanza di cinquant'anni, nel mondo, si è fatto ancora poco per far comprendere alla gente, cosa sono stati il nazismo e la *Shoà*. C'è stato anche chi ha negato, e nega tutt'ora, a volte anche per nascondere le proprie colpe o la propria vergogna! Ma in questi anni qualcosa si è mosso.

Oggi, finalmente, anche papa Giovanni Paolo II e la Chiesa cattolica, nel definire Auschwitz «Golgota dell'umanità», chiedono perdono per un colpevole silenzio.

La Conferenza episcopale tedesca, massimo organo di rappresentanza della Chiesa cattolica in Germania, ha criticato pubblicamente l'atteggiamento dei cattolici, nei confronti dello sterminio di massa degli ebrei.

Si è riconosciuto che, fra i cattolici, ci sono state colpe e manchevolezze. Non pochi infatti, si sono lasciati prendere dall'ideologia del Nazionalsocialismo, e sono rimasti indifferenti nei confronti dei crimini contro la vita e la proprietà degli ebrei.

Alcuni hanno appoggiato i crimini, diventando colpevoli essi stessi. Osservano, i vescovi tedeschi, che «Auschwitz pone i cristiani di fronte alla questione del loro atteggiamento verso gli ebrei e se il rapporto con gli stessi, corrisponda allo spirito di Gesù Cristo».

Oggi, posso ritenere e affermare che quel rapporto con Cristo e con la Storia, sia stato rispettato e riscattato, dall'atteggiamento del papa e della Chiesa. Quel Dio sacrificato e umiliato ad Auschwitz, quel Dio messo in discussione, è stato riscattato, grazie anche al sacrificio di un considerevole numero di suore e preti, esseri liberi nelle coscienze e nella fede, veri esempi di luce che, senza esitare un solo attimo, hanno offerto la vita, evitando l'orrore e la estrema sofferenza a tanti innocenti.

Nella Chiesa non può esserci posto per l'antisemitismo: l'antisemitismo è un peccato contro Dio e l'umanità. Tanto grande è il rischio di dimenticare, che occorrerebbe un anniversario di Auschwitz al giorno!

Ho provato anch'io a dimenticare, ma qualcosa si è mosso dentro me. Ho finalmente capito che dovevo parlare, prima che fosse troppo tardi. Dare voce al mio silenzio è un dovere: troppe storie esistono nel silenzio e sono rimaste in silenzio, nell'attesa che qualcuno le raccogliesse.

La nostra voce, e quella dei nostri figli, devono servire a non dimenticare, a non accettare con indifferenza e rassegnazione, le rinnovate stragi di innocenti. Bisogna sollevare quel manto di indifferenza che copre il dolore dei martiri! Il mio impegno in questo senso è un dovere verso i miei genitori, mio nonno e tutti i miei zii. È un dovere verso i milioni di ebrei «passati per il Camino», gli zingari, figli di mille patrie e di nessuna, i Testimoni di Geova, gli omosessuali, e verso i mille e mille fiori violentati, calpestati e immolati al vento dell'assurdo; è un dovere verso tutte quelle stelle dell'universo che il male del mondo ha voluto spegnere, verso tutti quei fiori di Bosnia, di Krajna, Croazia, di Cecenia, verso tutti quei David che lottano ogni giorno contro i Golia del mondo. I giovani liberi devono sapere, dobbiamo aiutarli a capire che tutto ciò che è stato è storia, e la storia oggi, si sta paurosamente ripetendo.

Per non dimenticare a quali aberrazioni può condurre l'odio razziale e l'intolleranza, non il rito del ricordo, ma la cultura della memoria. Per non dimenticare orrori e crimini, persecuzioni e campi di sterminio, nell'intento di contribuire a tramandare alle future generazioni un messaggio di Amore e di Pace.

Sono nata a Vienna il 12 febbraio del 1918.

Figlia unica di genitori ebrei, fui educata secondo le leggi di questa religione senza mai sentirne il peso. Mi consideravo una ragazza viennese di religione ebraica, non una ebrea.

Appartenevo a una famiglia di nobili origini ungheresi, molto benestante. Ricordo con grande nostalgia la mia infanzia, la fanciullezza e la gioventù, vissute in una Vienna da sempre città ricca di stimoli culturali, di tradizioni e di grande storia.

Abitavo con i miei genitori, in un palazzo della Strozzigaße, ai numeri 32-34, nell'ottavo distretto chiamato Josefstädt.

Questa zona, abbastanza centrale, si trova alle spalle del Parlamento e quindi parallela al famoso Ring, il viale che in maniera circolare racchiude il centro storico e urbano della città.

Una vetrata separava l'atrio d'ingresso del mio palazzo in due parti. Da quella anteriore, abbellita con un grande specchio a parete, partiva la scala «A»; da quella posteriore, la scala «B» da cui si accedeva al mio appartamento.

L'abitazione del ragionier Richard Springer – mio padre – si trovava al primo piano. Le finestre si affacciavano tutte su un giardino interno, e ricordo perfettamente che mia madre le aveva abbellite con tende da lei stessa ricamate a mano: lavori che riuscii in parte a conservare grazie a una zia materna.

Entrando in casa, sulla destra, si aprivano le porte dell'antibagno (da cui si accedeva al bagno vero e proprio) e della cucina; di fronte, invece, vi erano le camere da letto e un grande soggiorno-pranzo. Quel soggiorno sul cui tavolo mia madre preparava l'impasto per lo strudel. Quel soggiorno dove, ancora oggi, la rivedo rincorrermi attorno al tavolo, quella volta che, già quasi ragazzina, finsi uno svenimento per non svolgere le faccende di casa. Povera mamma, si preoccupò tantissimo: se solo avessi potuto immaginare la sua fine...

Antichi mobili in ciliegio, tappeti, quadri e particolari soprammobili, rappresentavano l'arredo della mia casa.

Fra tutte, di alcune cose mia madre andava particolarmente fiera: la collezione di porcellane di Meissen, che faceva bella mostra nella credenza del soggiorno, e l'armadio che conteneva la biancheria di uso domestico. Dopo averne decorato le mensole interne con tanti merletti fatti a mano, di tipico gusto austriaco, la mamma aveva raccolto la biancheria in gruppi legati con nastri di raso rosa, annodandoli in modo tale che i fiocchi si trovassero di fronte a chi apriva l'armadio.

In questo piccolo regno nel centro di Vienna, vissi spensieratamente. Richard Springer e Sidonie Bauer erano una coppia affiatata: non ricordo mai una lite tra mio padre e mia madre.

Solo una volta, durante il pranzo, papà si arrabbiò a tal punto con mia madre che, per «punirla», si alzò da tavola e le versò un bicchiere di acqua fredda nella scollatura del vestito. Tutto si concluse con una grande risata.

I miei genitori non mi fecero mai mancare nulla: da piccola, i giocattoli più belli, da grande, la migliore educazione.

Mio padre, in società con un fratello di mamma, era proprietario di un negozio di tessuti nella «Kohlmarkt», accanto alla Hofburg (residenza degli Asburgo), nel distretto numero 1.

Come ragioniere, papà, nella società, si occupava dell'aspetto contabile e dell'acquisto delle stoffe e per questo, era spesso costretto a lunghi viaggi di lavoro, dai quali ritornava sempre pieno di regali per le «sue donne».

Una volta mi portò un carrozzino da bambola tanto grande, da contenere un bambino vero.

Fino all'età di sei anni, fui assistita, oltre che dalla mamma, anche dalla governante: la mia Mucchi. Era quello il nomignolo che le avevo assegnato, ed è tutt'ora il nome con cui, a distanza di tanti anni, ancora la ricordo.

Mucchi era abbastanza giovane e tanto, tanto cara; si preoccupava per ogni mio capriccio e mi accompagnava spesso nelle passeggiate pomeridiane. La rividi alcuni anni fa: era sopravvissuta alla guerra, anziana e tanto stanca.

Da bambina, ogni volta che mia madre mi faceva il bagno, era un «grande evento». Ero la più piccola fra tutti i miei cugini e così le zie si divertivano a guardarmi durante il bagno che, dunque, era diventato un rito.

La mamma curava in modo particolare il mio aspetto: mi bagnava spesso il viso con il latte e trattava i miei capelli con impacchi a base di uova, risciacquandoli poi con acqua e aceto.

La nostra vita trascorreva serena.

Ricordo con piacere i pomeriggi, durante i quali andavo spesso con la mamma a trovare le sue sorelle che abitavano tutte, più o meno, nei dintorni.

La mia era una grande famiglia.

La nonna paterna, Betty, era rimasta vedova molto giovane; il marito, a seguito di un tracollo finanziario si era suicidato, lasciandola sola ad accudire i suoi sette figli.

Aveva così iniziato a gestire una pensione per studenti universitari e più tardi, si era risposata con un medico, Marcus Kostman, che io e i miei cugini chiamavamo «zio Doktor».

Zio Doktor, uomo tanto buono quanto silenzioso, svolgeva attività di medico pratico (da noi si direbbe generico) e di dentista. Rimase sempre vicino alla nonna, aiutandola nella crescita dei figli. Non ho mai conosciuto il nonno paterno, ma di sicuro, non sarebbe stato migliore di zio Doktor!

Mio padre aveva tre fratelli Armin, Jeno, Ludwig, e tre sorelle Maritschi, Bertha, Hedy.

Zio Armin era famoso in Austria come attore comico, e tramite lui, frequentavo spesso i teatri e conoscevo di persona molti attori famosi dell'epoca, come Attila Hörbiger, Paola Wessely, Paul Hörbiger, Fritz Grünbaum. Quest'ultimo, legato da grande amicizia allo zio Armin, ne condivise il palcoscenico della vita e, in seguito, quello della morte. Furono sterminati nel lager di Theresienstädt.

Zio Jeno non si era sposato e viveva con nonna Betty e zio Doktor. Zio Ludwig, gioielliere, era il padre della mia più cara cugina: Lilly. Eravamo quasi coetanee e, sin da piccole, ci frequentammo con grande assiduità. Fu lei la mia compagna, la mia amica; a lei sono legati molti miei ricordi. Tra tutti uno...

Ogni volta che per pranzo si preparavano spinaci, per me era giornata nera. Puntualmente rifiutavo di mangiarli e, regolarmente, i miei mi punivano obbligandomi a stare con il viso rivolto verso la parete, finché loro non avessero finito il pranzo. Solo dopo mi si permetteva di sedermi a tavola, per consumare ugualmente gli spinaci. Soltanto a casa di mia cugina Lilly riuscivo a mandarli giù, senza tante storie e, così, le visite a casa di zio Ludwig divennero sempre più frequenti perché «gli spinaci facevano bene». Nei campi di concentramento mi trovai spesso a ripensare a quegli spinaci.

Delle sorelle di mio padre, quella che ricordo con più affetto era zia Bertha. Aveva sposato un dentista ungherese e, non avendo avuto figli, entrambi si erano legati molto a me.

Frequentavo la loro casa nella Mariahilferstraße e, spesso, mi fermavo a mangiare da loro. Lo zio, Michael Neumann, da me chiamato affettuosamente «Mischi Bacsi» [1], era anche il mio dentista personale. Era l'unico al quale permettevo di curarmi, rifiutando qualsiasi altro medico, compreso il taciturno zio Doktor. Dopo i miei genitori, zia Bertha e Mischi Bacsi rappresentavano, per me, l'affetto più caro. La guerra mi tolse anche loro per inviarli, come ultima dimora, al lager di Theresienstädt.

[1] Bacsi in ungherese significa zio.

Per la celebrazione delle festività ebraiche, la famiglia di mio padre si riuniva al gran completo.

Pur essendo ebrei piuttosto laici, in queste occasioni ci riunivamo a casa di uno zio di mio padre. Era molto religioso, ed essendo il più anziano, ospitava l'intera parentela.

Durante i giorni di *Pesach*[2], una frenetica attività ci preparava alla celebrazione. Giunto il *Seder*, ci riunivamo a casa dello zio e, recitate a turno le preghiere, ricordo che mi divertivo a intingere il *carpas* nell'acqua salata e con esso le mani. La domenica, invece, ci riunivamo a casa di nonna Betty. Era una grande casa e per noi era sempre un piacere ritrovarci insieme. Ricordo quelle riunioni di famiglia e l'affetto che ci legava gli uni agli altri, quello stesso che, ancora oggi, mi tiene unita ai pochi superstiti della mia famiglia.

Di tutti i suoi fratelli, mio padre era il terzogenito.

Aveva conseguito il diploma di ragioniere e, prima di mettersi in società con lo zio, era stato un giocatore di calcio, nella squadra del Rapid Vienna.

In quel periodo io e la mamma andavamo spesso allo stadio della Hohewarte, a vedere le partite nelle quali giocava papà.

Mi sento, ancora oggi, gridare: «Hopp, auf, Kutti» (Forza Kutti), per incitare quello che, dopo mio padre, era il mio giocatore preferito. Papà era un uomo di media statura, aveva gli occhi chiari e i capelli folti. Aveva un carattere molto allegro e,

[2] Festa che ricorda il passaggio dallo stato di schiavitù a quello di libertà del popolo d'Israele. Dura otto giorni.

dovunque si trovasse, riusciva a divertire la compagnia con storielle e battute varie.

Uomo molto colto, amava, in particolare, la musica classica e lirica. La sua opera preferita era *I pagliacci* di Leoncavallo, e spesso cercava di canticchiarla, senza buoni risultati. Infatti, tanto egli amava la musica, tanto era stonato, e questo suo difetto lo faceva arrabbiare moltissimo.

Fu sempre marito e padre affettuoso. Di lui non ricordo uno schiaffo, né una parola fuori posto. Ricordo soltanto che il suo ottimismo gli dette forza anche quando la nube del nazismo iniziò ad addensarsi sul destino di noi ebrei.

Anche la famiglia di mia madre era piuttosto numerosa.

La nonna materna, Sofia, la ricordo poco perché morì quando avevo appena sei anni. Rammento bene, invece, nonno Elkan. Aveva una fabbrica di elastici, ma il suo nome, a Vienna, era noto per un altro motivo. Amava molto la musica e componeva valzer che venivano spesso suonati dalle numerose orchestre viennesi.

Ancora oggi forse è possibile ascoltare i valzer di Elkan Bauer, accanto a quelli ben più noti di Strauss, eseguiti nei Café concerto viennesi.

Il nonno raggiunse i novant'anni, nascondendosi, durante le persecuzioni, con la figlia Lotte, fino a quando i nazisti, scovatolo, lo deportarono, nonostante la sua tarda età.

Fatta eccezione per mio padre e mia madre, della deportazione degli altri parenti venni a sapere solo dopo la fine della guerra, e così, le poche notizie raccolte sono state, per me, sempre insufficienti a ricostruire le varie vicende: la guerra ti spoglia proprio di tutto.

Nella mia famiglia materna, la passione musicale era molto forte. La mamma amava tanto Wagner e, quando ero piccola, mi intratteneva spesso vicino alla radio per ascoltare le sue opere e sfidarmi, poi, a indovinarne il titolo. Io stessa, per molto tempo, studiai pianoforte, canto e danza, e Dio ha voluto che la vena musicale si tramandasse anche nel mio unico figlio.

Mia madre, Sidonie, era meglio conosciuta con il diminutivo di Siddy. Aveva capelli neri corvini, molto folti, e occhi castani. Di statura media era sia nel viso, che nella figura, molto bella.

Nonno Elkan e nonna Sofia, oltre a mia madre, avevano avuto altre quattro figlie e altri due figli.

Zia Grete aveva sposato lo zio Jack il quale possedeva una fabbrica di piume decorative per cappelli; durante la persecuzione riuscirono a rifugiarsi in Argentina con i loro figli.

Zia Lizzy, sposata con zio Julius, si rifugiò invece a Shanghai. Riuscii a ritrovarli solo dopo la guerra. Fu proprio grazie a questa mia zia che recuperai qualche oggetto appartenuto a mia madre e, soprattutto, la sua ultima lettera, scritta il 31 marzo '41, dal ghetto di Guarany, prima che si perdessero le sue tracce. Zia Lotte non si sposò mai, svolse per molti anni l'attività di modista. Era molto conosciuta e stimata, e durante la persecuzione si nascose presso le proprie clienti che la aiutarono. Fu a casa di zia Lotte che ritornai dopo la Liberazione.

Fu lei, dopo tanto tempo e tanto orrore, il primo e, per molto tempo, unico contatto con la mia famiglia. Fu con lei che io, cane randagio fino ad allora, potei nuovamente sentirmi a casa.

Zia Clara, invece, aveva sposato lo zio Robert, proprietario di un grande Café-restaurant a Tel-Aviv, città dove si trasferì e visse fino alla morte.

Zio Richard, socio di mio padre nel negozio di tessuti, aveva sposato la zia Olga, di origine ungherese. Di loro conservo ricordi molto belli e, fra tutti, il piccolo concerto che ogni sabato sera si teneva a casa loro. Lo zio suonava il violino, sua moglie il pianoforte e, spesso, un loro amico li accompagnava al violoncello. Dopo il concerto, si rimaneva a cenare tutti insieme, passando così piacevolissime serate.

Quando Hitler invase l'Austria, zio Richard scappò con la moglie a Budapest, rifugiandosi presso i suoceri. Successivamente, dopo aver tentato di lasciare anche l'Ungheria, fu catturato dalle SS naziste. Lo giustiziarono legandogli una grossa pietra a un piede e, dopo averlo fatto trascinare verso una sponda del Danubio, gli spararono alla testa: il fiume lo accolse per sempre. Quel bel Danubio blu, violentato dalla follia nazista e reso rosso dal sangue di tanti martiri come lo zio.

Il più giovane dei fratelli della mamma era Franz.

Era un bell'uomo e quando da signorina passeggiavo con lui, formavamo una così bella coppia, che la gente raramente ci credeva zio e nipote.

Zio Franz aveva una voce molto bella e suonava bene il pianoforte; spesso passavamo il tempo facendo musica insieme.

Sposò zia Paola e, durante la persecuzione nazista, fu deportato nel lager di Dachau. Successivamente, la moglie, ottenuto per lui un permesso di soggiorno a Shanghai, riuscì a farlo rilasciare da quel campo. Tutto questo fu possibile perché si era ai primi tempi della deportazione: i lager erano ancora luoghi di detenzione e l'oppressione nazista era ben lontana dal diventare l'orrore storico che fu.

Raggiunta Shanghai, lo zio visse lì molti anni, lontano dalla moglie e dal loro unico figlio Hans che, nel frattempo, avevano trovato rifugio a Londra.

Oggi, proprio quel mio cugino Hans è l'ultimo legame che mi congiunge alle mie origini.

Con queste due grandi famiglie trascorsi gli anni più felici della mia vita.

Uno dei miei passatempi preferiti da piccolina, era giocare nei giardini del Volksgarten, sotto lo sguardo vigile della mamma e di zia Lizzy che, nel frattempo, lavoravano all'uncinetto.

Man mano che crescevo, altri divennero i miei interessi.

Ancora ragazzina, all'età di dodici anni, andavo a pattinare sul ghiaccio al Wiener Eislaufvereïn, nelle vicinanze dello Stadtpark. Successivamente iniziai a prendere lezioni di equitazione e, fattami più grande, mi creai una cerchia di amici con cui passavo il tempo libero.

Con loro trascorrevo le feste di Carnevale sul Semmering, una montagna vicino Vienna, meta di sport invernali e sede di un lussuoso albergo, il Panhans, alle cui feste da ballo partecipavamo molto spesso.

Passando così il tempo, arrivò finalmente il mio

diciottesimo compleanno. Quel giorno ero emozionatissima: debuttavo in società.

Il ballo delle debuttanti, a Vienna, rappresentava un evento socio-mondano di grande importanza. Vi partecipavano tutte le ragazze appartenenti a famiglie altolocate.

Ancora oggi questa usanza è rimasta in voga, e la si segue in molte nazioni europee.

I preparativi per il «Ballo al Teatro dell'Opera di Stato», fervevano da parecchio tempo ma, quel giorno, l'ansia era al culmine, perché stava per giungere il mio grande momento: la mia esuberanza viaggiava sulle ali della mia vanità, volando libera nei miei sogni. Per una ragazza, il ballo dei diciotto anni rappresentava il dischiudersi di un fiore ai primi caldi della primavera, quella primavera che, per noi, non arrivò mai.

Quanti germogli furono spezzati dal vento del '38, quanti petali appassirono prima di vedere il sole, quanti steli tornarono a essere radici? Tanti, troppi.

Solo lacrime dovevano bagnare il mio bel vestito bianco. Lacrime, fino a consumare gli occhi. Lacrime che uscivano dal cuore e che, nel mio cuore, avrei racchiuso per tutta la vita.

Lacrime che oggi, per qualcuno, non sono mai esistite.

La storia stava facendo il suo corso e quella sera doveva essere uno dei miei ultimi ricordi più belli.

Da allora, passarono altri due anni di serenità, io continuai la mia vita, come tutti i ragazzi, con le cose di sempre. Conseguii il diploma di «Belle arti» presso il liceo di Vienna e, nello stesso tempo, riuscii a ottenere un titolo di studio che mi permetteva l'insegnamento della lingua inglese.

E arrivò, così, il giorno in cui per la prima volta percepii il pericolo nazista, mi sentii ebrea e intuii la precarietà del mio, del nostro futuro; allora ebbi paura.

Passeggiavo per la Rotenturmstraße quando, all'altezza del Vescovado, due gruppi di persone, su opposti marciapiedi, cominciarono a gridare: «Viva Schusschnig», «Viva Hitler». Si stavano avvicinando le elezioni politiche in Austria, quelle elezioni che avrebbero consegnato il mio paese ad Adolf Hitler.

Rientrai a casa spaventata pensando a ciò che il «Gran Cancelliere» tedesco potesse significare per noi ebrei.

Trovai mio padre seduto al tavolo del soggiorno. Vedendomi così agitata, cercò di tranquillizzarmi dicendomi: «Non preoccuparti, figlia mia. Un carro non può andare sempre in salita...»

Non potevamo immaginare che su quel carro proprio lui sarebbe stato fra i primi a salire.

2.

Dopo una lenta e costante «nazificazione» dell'Austria, e dopo l'invasione tedesca dell'11 marzo 1938, si arrivò alla votazione dell'Anschluss[1]. La legge che poneva fine all'indipendenza politica dell'Austria, fu approvata il 10 aprile 1938, dal 99,08% degli elettori: la mia nazione entrava a far parte della Grande Germania.

Con l'avvento di Hitler, le persecuzioni ebraiche, già da tempo in atto nello stato tedesco, ebbero tristemente inizio anche in Austria. Il nostro spazio vitale venne progressivamente ristretto, la nostra quotidianità sconvolta, i rapporti con gli «altri», ostacolati: iniziavamo a vivere la nostra diversità.

Per noi ebrei, ogni giorno era caratterizzato da nuovi divieti e, di conseguenza, la vita diventava sempre più precaria. Fu così che un giorno, mio padre, tornando a casa, ci comunicò con la voce rotta dall'emozione, che il nostro negozio era stato chiuso. Gli ebrei non potevano più esercitare alcuna attività, alcuna professione: a noi erano stati preclusi tutti i posti pubblici. La sensazione che

[1] Anschluss: annessione con espropriazione totale dei patrimoni degli ebrei. Espulsione dalle scuole di ogni ordine e grado.

provai a queste notizie fu di smarrimento: i sacrifici di una vita andavano in fumo.

Guardai in silenzio i miei genitori e lessi nei loro occhi l'inizio della fine di tutto ciò per cui avevano lottato.

Per «compensare» quelle privazioni, il «buon Führer» ci gratificò di un secondo nome e di un distintivo di riconoscimento.

A noi donne fu imposto di aggiungere il nome di Sarah; a tutti gli uomini, quello di David; una stella gialla, cucita sui vestiti, divenne il marchio della nostra razza.

Ma il vero accanimento del regime verso gli ebrei iniziò a manifestarsi con i primi arresti, quando alle iniziali restrizioni, cominciò a sostituirsi la violenza. Violenza che, da principio, colpì soltanto gli uomini: mio padre fu una delle prime vittime. Il destino lo aspettò al varco nel giugno del '38.

Un pomeriggio di un giorno come tanti altri, papà si era alzato dopo il consueto riposo e si preparava a uscire, per recarsi al circolo privato dove solitamente si incontrava con gli amici, per la partita di tarocchi, circolo situato nella Mariahilferstraße. Stava infilandosi le scarpe, seduto ancora sul letto, quando sentimmo suonare alla porta. Non dimenticherò mai né il giorno né l'ora: erano le sedici e trenta del 26 giugno 1938.

La mamma andò ad aprire, seguita a pochi passi da papà. Si ritrovarono davanti a un ufficiale delle SS che recava un ordine di cattura per Richard Springer. «Si vesta e venga con me.»

Queste poche parole risuonano ancora nella mia mente.

Cercammo di mantenere la calma.

Vidi mio padre allontanarsi lungo le scale e volgere lo sguardo verso noi, quasi a rassicurarci. Si fingeva tranquillo per non allarmarci più del dovuto, ma era facile immaginare cosa provasse. In quel momento, mille sensazioni, mille domande, mille perché si accavallarono nella mia mente, ma nessuna risposta. Io e mia madre ci guardammo con gli occhi pieni di lacrime e comunicammo con il nostro silenzio.

Dopo i primi attimi di sgomento, ci recammo immediatamente al vicino Commissariato. Lì ci avvertirono che papà, registrate le generalità, era stato trasferito alla Rossauercaserme sulla Rossauerlände, nel distretto numero 9 di Vienna. Ci consentirono di andarlo a trovare, il giorno dopo, per portargli il vestiario di ricambio. Fu in quel posto che vidi, per l'ultima volta, il ragionier Richard Springer, l'ebreo Richard Springer, mio padre...

Dopo alcuni giorni, in occasione di un'ulteriore visita alla Rossauercaserme, apprendemmo che papà era stato trasferito a Dachau.

Da quel lager ricevemmo alcune delle sue ultime lettere nelle quali, non potendo fare diversamente, diceva di stare bene, chiedendo nostre notizie. Quelle lettere arrivavano con la scritta «Zensur» sulla busta e si intuiva che fossero ben poche le cose veritiere che vi si leggevano.

Dopo poco tempo, da Dachau fu deportato a Buchenwald, e anche da lì riuscimmo a intrattenere, almeno per i primi tempi, una minima corrispondenza epistolare. Questo fievole contatto ci rassicurava comunque sulla salute di papà, dandoci l'illusione che forse, un giorno, saremmo tornati a stare insieme. L'interruzione della corrispondenza troncò anche questa nostra speranza: da Buchenwald non giunse più alcuna notizia.

Il 9 novembre '38 si diffuse, a Vienna, la notizia che era stato assassinato a Parigi un tedesco[2] per mano di un ebreo. La mattina successiva, data che non potrò mai più dimenticare, mi trovavo nel centro di Vienna quando, di colpo, vidi tanta confusione, tanta gente correva per cercare rifugio come meglio poteva. Udii degli spari e vidi alte fiamme lambire alcuni negozi.

Correva voce che durante la notte fossero state date alle fiamme anche le sinagoghe, per rappresaglia da parte dei tedeschi a causa di quanto era accaduto a Parigi il giorno precedente. Quella notte, fra il 9 e il 10 di novembre, viene ricordata storicamente come «Notte dei cristalli».

Spaventata per quanto mi accadeva intorno, cercai di raggiungere il prima possibile casa, ma notai che tutti i tram erano bloccati e i taxi avevano smesso di circolare. Presa dall'angoscia, cominciai a correre cercando le strade più brevi per raggiungere mia madre e la mia casa. Attraversato il Volksgarten, uscii di fronte al Parlamento, passando poi per la Stadiongaße e su per la Josephstädterstraße. Erano circa le tredici quando finalmente riuscii ad arrivare incolume alla Strozzigaße. Con mio grande stupore vidi la mamma camminare nervosamente su e giù, lungo il marciapiede del nostro palazzo. Mi corse subito incontro, piangendo e ab-

[2] Assassinio del diplomatico tedesco Ernst von Rath per mano di un ebreo tedesco Merschel Grynszpan. In realtà l'operazione fu ordinata da Goebbels.

bracciandomi con un: «Sei arrivata sana e salva.»

Stupita, chiesi a mia madre come mai fosse per strada a quell'ora, e mi sentii rispondere che non avevamo più una casa. Durante la mattinata, le SS avevano fatto irruzione nel palazzo: «Fuori» avevano gridato, mentre, sequestrate le chiavi di casa, cacciavano la mamma per strada, con il cibo ancora sul fuoco.

Sconfortata e fortemente turbata, appresi da lei che la nostra casa era stata assegnata a un'altra famiglia. Provvisoriamente saremmo dovuti andare ad abitare in casa dei signori Mense.

La famiglia Mense era ebrea e possedeva un grande appartamento a due passi dalla nostra abitazione. Fu lì che i nazisti ci imposero di radunarci, insieme ad altre tre famiglie giudee, trasformando così quella casa in una sorta di ghetto.

Fritzi, la figlia dei Mense, era stata mia compagna di scuola durante le medie: spesso mi ero recata a casa sua, e fu per questo che in quei giorni di forzata permanenza non vissi particolari disagi.

Solo dopo qualche giorno, mia madre, utilizzando le chiavi della portinaia, poté tornare nella nostra abitazione, per prendere lo stretto necessario per i nostri bisogni.

Dai Mense passammo un breve periodo. Dopo di allora, non rividi più la mia amica Fritzi. Alla fine della guerra seppi che si era salvata e che viveva a Baltimora.

Ci trasferimmo a casa di zia Lizzy, sorella preferita di mia madre, che abitava con il marito in un grande palazzo, tutt'ora esistente, sito nella Neubaugaße.

Ancora oggi, tutte le volte che vado a Vienna, mi ritrovo a passare e a sostare davanti a quel palazzo: ripenso alla vita che avevo e al nulla che mi possiede. Ho settantotto anni e non riesco a frenare le lacrime che mi cadono dentro, facendomi male.

L'abitazione della zia, fortunatamente, non era stata ancora espropriata dai nazisti e quindi fu possibile trasferirci lì.

In quei giorni di tensione e paura, nei quali tutto era andato perso, il ricostituirsi di parte della mia famiglia, suscitò in me una sensazione di sicurezza e serenità, già da troppo tempo dimenticate.

Alla fine del dicembre '38, arrivò a casa un telegramma della GESTAPO. Mia madre si affrettò ad aprirlo, mentre tutti noi, con ansia, ci stringevamo intorno a lei per conoscerne il contenuto.

«Richard Springer, nato il 5-11-1879, deceduto a Buchenwald il 28-12-1938, per morte naturale in seguito a broncopolmonite»: poche, scarne parole che ci gelarono.

Il testo terminava con l'invito a recarsi presso gli uffici della GESTAPO, situati lungo il Danubio nel distretto numero 1, per ritirare i suoi effetti personali.

La sigla GE.STA.PO indicava la GEHEIME STAATS POLIZEI, la terribile polizia segreta di Stato tedesca. La mamma, temendo che potesse trattarsi di una trappola, decise di andarci da sola impedendomi di accompagnarla. Lascio immaginare con quale animo il giorno dopo si recò presso quel palazzo. In un ufficio le fu consegnata una busta contenente il colletto inamidato della camicia e il bottoncino d'oro che lo chiudeva: erano questi, e solo questi, gli effetti personali di mio padre.

La mamma rientrò a casa tremante e in lacrime, reggendosi a fatica e quasi in trance, ripeteva: «Come sono stati cattivi a darmi anche questo dolore. Dovevano proprio consegnarmi il colletto e il bottoncino per farmi ancora più male?»

Circa un mese dopo, il 26 gennaio '39, giunse a casa un pacco contenente un'urna di ghisa nera, chiusa da un coperchio in acciaio su cui era inciso: «Richard Springer geb. 5-11-1879 gest. 28-12-1938. Buchenwald».

Quell'urna conteneva le ceneri di mio padre. Era tutto lì quello che rimaneva di un uomo e della sua esistenza.

Il giorno seguente, ordinammo una cassetta in legno di faggio e vi racchiudemmo l'urna, effettuando poi la sepoltura nel cimitero ebraico di Vienna, al Simmering Zentral Friedhof.

Ci fu proibito di apporre, sulla lapide, il nome di papà, perché gli ebrei dovevano essere «senza nome».

Mentre racconto i miei ricordi, mio figlio è vicino a me e mi chiede di parlargli dei miei sentimenti, delle mie reazioni. Lacrime, gli rispondo con lacrime che non escono, ma lui le vede e piange per me. Somiglia a mio padre e soffre dentro, soffre il nostro dolore, il nostro silenzio. In questi ultimi anni, compiendo ricerche personali, è giunto alla convinzione che, quasi certamente, suo nonno Richard sia stato una delle tante cavie utilizzate nei lager nazisti, per i folli esperimenti medici, dato che la broncopolmonite era una delle complicazioni che accompagnavano i decessi da infezione da tifo indotta. E proprio negli anni '38-39, il campo di Buchenwald fu teatro di tali esperimenti.

Nel 1939 la situazione precipitò sempre di più.

Le rappresaglie, che sino ad allora avevano colpito solo i capi famiglia, cominciarono a interessare anche le donne e, in generale, tutti noi ebrei. Il pericolo ormai sempre più imminente, anche per noi donne, ci spinse a cercare possibili vie di fuga: non importava come, non importava dove. La precarietà di quei momenti ci imponeva di accettare qualsiasi soluzione, anche la più dolorosa, pur di metterci in salvo.

Zia Paola, grazie a un permesso di soggiorno a Shanghai, era riuscita come ho accennato in precedenza, a far liberare il marito Franz dal campo di Dachau. Si era in seguito rifugiata, con il figlio Hans di appena quattro mesi, in Inghilterra, dove aveva trovato lavoro in un college di Londra. Da lì, riuscì a procurare anche per mia madre un permesso di soggiorno e un'occupazione, nello stesso college dove già si era stabilita lei. Quel permesso, però, riguardava momentaneamente solo mia madre, soltanto in seguito avrei potuto raggiungerla anch'io, dietro sua chiamata.

Ma quale madre abbandona un figlio al proprio destino, pensando solo a se stessa? Fu così che si decise di rimanere insieme, fino a quando anche io non fossi stata al sicuro.

Questa decisione, che doveva tenerci comunque unite, avrebbe, invece, finito col separarci irrimediabilmente, segnando, per sempre, il destino della mamma. In tutti questi anni, nella mia più intima solitudine, ho rivissuto più volte quel momento. Il pensiero che la mia salvezza abbia potuto pregiudicare quella di mia madre, non mi dà pace e non riesco ad assolvermi. Contrarre matrimonio con uno straniero, era l'unica possibilità di trovare scampo per molte ragazze come me. Contrarre matrimonio con uno straniero, significava acquisire una nuova cittadinanza, quindi sottrarsi alla persecuzione nazista.

Ma anche questa soluzione non era semplice da adottare: occorreva trovare la persona disponibile e, soprattutto, sborsare una grossa somma di denaro per compensare questa «disponibilità». Nelle difficoltà, però, fui fortunata.

Conobbi, tramite amici di famiglia, un ebreo di nazionalità italiana che, intuito il nostro disagio, si sentì così profondamente coinvolto da decidere, spontaneamente e senza alcuna ricompensa, di sposarmi. Avviammo subito le pratiche necessarie per il matrimonio che, oltre a mettere me al sicuro, avrebbe lasciato libera mia madre di rifugiarsi in Inghilterra.

Purtroppo i tempi si allungarono più del previsto.

La soluzione, apparentemente così vicina, diventò maledettamente complicata. I nazisti, intuendo i retroscena di questi matrimoni, cominciarono a ostacolarli e io non sfuggii a tali difficoltà. Passarono diverse settimane e mia madre, nell'aspettare che la situazione evolvesse al meglio, per sapermi finalmente in salvo, si rifiutò di partire fino a quando non mi fossi sposata.

Quando il 26 agosto del '39 riuscii a sposare il signor E. A., nella sinagoga Seitenstädter Tempel, il permesso di soggiorno in Inghilterra, per la mamma, era scaduto e non lo si poteva più rinnovare!

Il nulla osta per il matrimonio mi era stato rilasciato con l'obbligo di firmare un documento che mi intimava di lasciare l'Austria, entro e non oltre il mese di settembre.

Il tempo stringeva.

Ormai, non avevo più problemi perché in possesso del nuovo passaporto italiano, ma il bisogno di salvare mia madre diventava sempre più impellente. A Budapest, da tempo, si era trasferito il fratello della mamma, socio nel negozio di tessuti che avevamo a Vienna. Il suocero, ungherese ricco e conosciuto, aveva voluto mio zio e sua moglie presso di sé per sottrarli alle persecuzioni. L'oppressione nazista, nell'Ungheria di quel periodo, non era ancora così soffocante e fu per questo che zio Richard decise di ospitare me e la mamma a Budapest, dal momento che E. A., mio «marito», espletate le formalità del matrimonio, era ritornato in Italia. A quel punto, occorreva risolvere solo il problema dell'espatrio di mia madre.

Tramite un conoscente riuscimmo a contattare il comandante di una grossa imbarcazione, il quale stava organizzando un trasferimento clandestino di sette profughi ebrei, che dall'Austria cercavano di raggiungere l'Ungheria attraversando il Danubio.

Rimaneva un solo posto disponibile per aggregarsi a questo gruppo di fuggiaschi, cui era stato garantito di entrare in Ungheria dietro il compenso di ben tremila marchi.

Senza perdere ulteriore tempo, si decise che io sarei partita da sola, raggiungendo Budapest in treno, mentre mia madre sarebbe giunta clandestinamente, con il gruppo dei fuggiaschi ai primi di ottobre. Mi trasferii, così, in Ungheria ai primi di settembre e lì aspettai, con ansia, insieme ai miei zii, il momento in cui avrei potuto riabbracciare mia madre.

Pur avendo organizzato tutto nei minimi dettagli, vissi quel periodo con la continua ansia che qualcosa non andasse per il verso giusto: di notte non riuscivo a dormire e durante il giorno, ero perennemente in attesa di notizie che non arrivavano.

Settembre sembrava non finire mai.

Il telefono squillò, finalmente, il 3 ottobre.

Mi precipitai a rispondere. In cuor mio ero convinta che fosse la mamma e infatti udii la sua voce. «Cara Lisl, tesoro, siamo in Ungheria, ma bloccati alla frontiera, e non liberi. Ci hanno tradito, consegnandoci alla polizia.» Cercava di mantenersi calma per non allarmarmi più del dovuto, ma la sua voce tradiva l'angoscia e la paura di quei momenti.

Scoppiai a piangere e non riuscendo più a parlare, passai il telefono a zio Richard che cercò di tranquillizzare mia madre, rassicurandola che subito avrebbe contattato una persona influente di sua conoscenza per sbloccare al più presto la situazione.

Senza perdere un solo istante, io e mio zio ci ritrovammo a viaggiare verso la frontiera, nella macchina di Stato di un ministro ungherese suo amico. Durante il tragitto, si parlava concitatamente, e io non riuscivo a distogliere lo sguardo da quell'uomo che rappresentava, al momento, la nostra unica speranza per evitare l'irreparabile. Giunti sul posto, il ministro ebbe un lungo colloquio con il capo della polizia, mentre io e zio Richard fummo costretti ad aspettare fuori.

Un'altra attesa interminabile, resa ancora più angosciante dalle voci che circolavano, secondo le quali il carico dei clandestini sarebbe stato subito inviato in un campo di concentramento in Germania.

Finalmente si aprì una porta e ne uscì il ministro che, con un gesto di intesa, ci fece capire come il suo intervento fosse servito a sbloccare positivamente la situazione. Nonostante le resistenze incontrate, era riuscito a ottenere che i clandestini entrassero in Ungheria, non in stato di libertà ma nelle carceri di Budapest. Oggi può sembrare strano, ma quella soluzione fu per noi una vittoria, perché si era evitato comunque il peggio: il trasferimento in un lager.

Dopo ventiquattro ore, pagando una forte cauzione, mio zio riuscì a far trasferire la mamma dal carcere al ghetto, con la possibilità di muoversi liberamente, dalle otto di mattina alle venti di sera.

Da quel momento, la mamma iniziò a passare tutto il giorno con noi e solo di notte eravamo costrette a stare lontane. Ma l'importante era vivere e sapere di essere vive. In quel periodo pochi potevano godere di questo privilegio.

Lentamente e inesorabilmente, la situazione cominciò a precipitare anche in Ungheria. Agli ebrei fu imposto di abbandonare le proprie abitazioni e di trasferirsi, parte, in un albergo di fronte all'attuale hotel Hungaria vicino alla stazione ferroviaria, parte nel ghetto.

Stessa sorte toccò agli zii, che furono costretti a vivere in quell'albergo. Io, invece, in quanto ebrea italiana, riuscii ad affittare una stanza in una casa privata.

Con la mamma mi vedevo tutti i giorni e, insieme, ci recavamo a trovare zio Richard e zia Olga.

Trascorremmo, così, un certo periodo di tempo fino a quando, scaduti i sei mesi, non mi fu più rinnovato il permesso di soggiorno. Fui costretta a lasciare mia madre in Ungheria, ma ero tranquilla perché, comunque, la sapevo in compagnia del fratello e della cognata. Nonostante l'obbligo di vivere in albergo, loro potevano ugualmente uscire; conducendo una vita relativamente normale e continuando, soprattutto, a poter ospitare la mamma.

Trascorremmo tutti insieme anche il giorno della mia partenza dall'Ungheria. Giunta l'ora del rientro di mia madre al ghetto, io e zio Richard l'accompagnammo a un taxi. La mamma mi abbracciò stringendomi forte, forte, e baciandomi sulla fronte, mi sussurrò: «Servus, mein Kind... Mut, alles vergeht!» (Coraggio, figlia mia, tutto passa!)

Ebbi uno strano presagio quando la vidi allontanarsi. Mentre si voltava per salutarmi, un'ultima volta, dal finestrino della macchina, mi si strinse il cuore fino a serrarmi il respiro e per la prima volta mi sentii veramente sola.

Lo zio mi cinse le spalle con un braccio: non disse una parola, ma i suoi occhi erano pieni di lacrime come i miei.

Non la rividi più e per tutta la vita, l'immagine della mamma, con il suo bel cappellino nero con veletta, che mi saluta agitando la mano, mi ha accompagnato fino a diventare il «mio» modo di salutare gli altri.

Così mia madre si accomiatò dal mio mondo e io rimasi per sempre priva della sua guida e dei suoi gesti di amore.

Quel momento ha rappresentato nella mia psiche e per tutta la mia vita, una sofferenza che mi ha provocato una tristezza infinita immersa in una depressione fisiologica. Piano, piano, solo in questi anni e con una sorta di «alleanza terapeutica» con mio figlio, sono riuscita a costruirmi difese mentali, veri e propri anticorpi, che mi hanno consentito di superare le disgrazie e riemergere dal baratro in cui sentivo di essere precipitata.

Seguii con lo sguardo l'auto che riportava mia madre al ghetto, fino a quando non scomparve alla vista: ora ero pronta anch'io a lasciare l'Ungheria.

Gli zii mi accompagnarono alla stazione. Si era precedentemente stabilito che mi sarei recata a Plovdiv, in Bulgaria, presso una famiglia di amici che si erano offerti di ospitarmi.

Prima di salire sul treno, ci abbracciammo piangendo con la speranza che un giorno ci saremmo ritrovati. Ma gli eventi che dovevano seguire, avrebbero tradito anche quella illusione.

Cominciai a vivere la mia ennesima fuga.

L'odore dei vagoni mi infastidiva, me lo sentivo addosso, non lo sopportavo. Mentre il treno si allontanava da Budapest, cominciai a prendere coscienza del mio «essere sola». Per la prima volta una sensazione sconosciuta si impadroniva di me: la sensazione della mia solitudine mi impediva di credere che stessi andando incontro alla libertà.

Ma la libertà l'avevo già persa staccandomi da mia madre, come potevo sperare di sentirmi libera dentro, sapendo che l'avevo lasciata sola? «L'avevo abbandonata, lei non l'aveva fatto... Io scappavo per mettermi al sicuro, lei non l'aveva fatto...» Questo pensiero continuava a martellarmi il cervello, seguendo il ritmo insistente del treno sulle rotaie. La mia immagine rifletteva, sul vetro del finestrino, la mia solitudine.

Giunsi in Bulgaria i primi di marzo del 1940.

Un nuovo paese, una nuova lingua, ancora nuove abitudini.

A Plovdiv mi accolse quella famiglia di amici.

Con me furono molto ospitali e affettuosi e, proprio quando stavo per ambientarmi in questo nuovo mondo, non mi fu più consentito di rinnovare il mio permesso di soggiorno. La breve parentesi di vita bulgara era durata appena tre mesi.

All'improvviso, mi ritrovai a dover scegliere una nuova via di scampo. La decisione non fu cosa facile: ormai tutta l'Europa stava diventando terreno minato per noi ebrei.

Gli ultimi giorni a Plovdiv, furono un inferno. Non sapevo più dove trovare un nuovo rifugio sicuro. Ogni contatto con parenti o amici si era da tempo interrotto.

L'unica necessità impellente era quella di salvarmi la vita e cercare un minimo di stabilità in quella tempesta di avvenimenti. Scelsi di trovare riparo in Italia, paese che non poteva rifiutarmi dal momento che ne avevo acquisito la cittadinanza con il matrimonio.

3.

Attraverso la Jugoslavia, passando da Belgrado e Lubljana, dopo un interminabile viaggio, raggiunsi l'Italia e decisi di fermarmi a Milano. Era il giugno del 1940.

Grande fu il disagio di sentirmi sola. È difficile spiegare cosa si prova nel sentirsi soli «dentro».

Mi guardavo intorno, vedevo la gente passarmi accanto, ma non riuscivo a fermare nessuno, non sapevo cosa dire, non sapevo come dire che cercavo pace.

Avevo una valigia marrone: rappresentava la mia casa, tutto ciò che mi era rimasto. Mi sedetti su di essa, appena uscita dalla stazione, presi la mia testa tra le mani e chiusi gli occhi: «Non aver paura figlia, un carro non può andare sempre in salita...»

Ricordai le parole di papà e scoppiai a piangere.

Un attimo dopo, mi sentii toccare una spalla: una donna anziana, vestita di stracci e curva sotto il peso dei suoi anni, mi fissava con lo sguardo perso, aveva in mano un fiore, scuoteva la testa e dicendo qualcosa che non riuscivo a comprendere me lo offrì.

Nei giorni che seguirono, mi ritrovai a cambiare

casa diverse volte, ogni volta che le portinaie, dando segni di irrequietezza, mi invitavano ad andare via: il documento che attestava la mia religione ebraica creava loro notevoli disagi.

Diventava sempre più difficile essere se stessi, quando gli altri ti parlavano, ti guardavano, ti sentivano diversa fino al punto di non sapere tu stessa chi fossi.

Riuscii finalmente a trovare una pensioncina in via Magenta.

Era abitata da gente che lavorava a Milano: io ero l'unica ebrea. I primi tempi, mangiavo una volta al giorno, non avendo i mezzi sufficienti per pagarmi una pensione completa.

Tirai avanti vendendo alcuni gioielli di famiglia, salvati dalle razzie naziste: un anello di rubini e pietre di luna, regalatomi da zia Olga per i miei diciotto anni, e un grande ciondolo con diamanti, appartenuto da sempre alla famiglia. Un gioielliere di via Torino acquistò le mie ricchezze e la mia miseria, lasciandomi un profondo dolore.

Ancora oggi, però, sono grata a quell'uomo che, dandomi il giusto, mi consentì di tirare avanti dignitosamente.

Vissi in quella pensioncina in via Magenta dal '40 al '42.

Avevo imparato l'italiano e, dopo aver risposto ad alcuni annunci commerciali di aziende che lavoravano con l'estero, mi ritrovai a fare traduzioni in inglese e tedesco per conto di esse.

Con i primi guadagni, cominciavo a riavvicinarmi alla normalità: non dovevo più guardare nei piatti degli altri, potevo finalmente permettermi una minestra calda la sera, potevo pagare la solitudine e la libertà della mia stanza.

L'ingranaggio della mia vita si era rimesso in funzione.

In quel periodo ricevevo ancora qualche lettera da mia madre: l'ultima mi arrivò da Almassy – Ungheria – nel 1941-42.

Dopo di allora non ebbi più sue notizie.

Dal '42 al '43 abitai in una pensione di corso Vercelli, angolo piazza Baracca. La padrona di casa era sempre la stessa, ma, questa volta, disponevo di una camera più spaziosa: i raggi del sole cadevano diritti su un piccolo tavolino, che rappresentava per me la base del mio lavoro, l'appoggio della mia vita perché, così, potevo mantenermi, vivere e... sperare.

In questa nuova pensione feci amicizia con una professoressa di scuola media, Mimma B. Malgrado le sue idee fasciste, dimostrò di volermi subito bene e diventammo presto molto amiche.

Era importante avere qualcuno con cui parlare, scherzare, ma, soprattutto, qualcuno a cui confidare le proprie paure, qualcuno a cui aprire il cuore, senza il timore che ti venisse strappato. Avevo trovato un'amica, potevo piangere, raccontarle i miei venticinque anni, le mie speranze, i miei dolori.

Ma il momento più intimo della mia giornata, rimaneva la sera quando, coricatami, il buio della stanza si popolava dei volti di mamma e papà. La mia famiglia si riuniva in un unico abbraccio. L'angoscia lasciava spazio alla serenità, la paura alla speranza e subito arrivava l'alba: un altro giorno era passato, un altro arrivava e andava vissuto!

Una mattina fui chiamata a prestare servizio ausiliare in una fabbrica di scatole di cartone, a Sesto San Giovanni.

Dovevo alzarmi alle cinque, prendere il tram in corso Vercelli, cambiarlo a piazzale Loreto e raggiungere il posto di lavoro alle sei e quarantacinque del mattino. Alle sette precise ero seduta davanti a un macchinario, cui ero stata destinata. Lavorai per qualche mese e dopo, come sempre, e con la frase di sempre, fui rimandata a casa.

Una notte del settembre '43, fui svegliata di soprassalto da un bombardamento. Mi vestii in fretta e, con gli altri della pensione, raggiungemmo il rifugio nella cantina dello stabile: le pareti tremavano e sembrava dovessero cedere da un momento all'altro.

Un boato più violento mi catapultò sul muro opposto, senza però provocarmi grossi danni fisici, ma tanta paura. Passarono lunghi attimi di silenzio, fino a quando una voce ruppe quella tensione: «È finita..., possiamo uscire tutti.» Lo spettacolo che si presentò ai nostri occhi fu terribile: l'intero palazzo alle spalle del nostro stabile si era disintegrato, intorno macerie e morti. Circa tre mesi dopo quell'episodio, riuscii a trovare lavoro come commessa in un negozio di modista, in via Dante.

La proprietaria si dimostrò molto gentile e sempre pronta a rivolgermi una parola d'affetto, non appena si accorgeva che qualcosa, in me, non andava. «Vedrai» mi diceva, «passeranno questi brutti momenti, potrai ritornare presto a casa con i tuoi cari, e tutto questo resterà solo un brutto ricordo.» Io ci credevo, volevo crederci, dovevo riabbracciare i miei cari, la mia mamma, la mia terra. Dovevo, volevo, speravo, mi illudevo... Forse domani in un'altra vita... Dio ha deciso così. Per me, oggi, solo ricordi, solo una «terra» per ricordarmi di essere ancora viva.

Mi stavo già abituando al nuovo lavoro, nel negozio di modista, quando, dopo appena tre mesi, in seguito all'applicazione delle leggi razziali, la proprietaria, non potendo rischiare di avere con sé una ebrea, fu costretta suo malgrado a mandarmi via.

Dopo l'armistizio di Badoglio, i nazisti cominciarono a dare la caccia a noi ebrei anche in Italia.

Non potendo più restare notificata come giudea nella pensione di corso Vercelli, fui costretta a cercarmi un'altra abitazione: le difficoltà crescevano di momento in momento, in ragione diretta del mio disagio, della necessità di trovarmi un rifugio sicuro per sopravvivere. Era il gennaio del '44.

La pietà di una vedova (Angela R.), non so se oggi ancora in vita, incontrò la mia disperazione, offrendomi ospitalità in una stanzetta in via Valisneri (Centro studi), facendomi pagare poco, ma soprattutto, consentendomi di vivere senza essere notificata.

Ben presto mi accorsi che quella casa era frequentata da un gruppo di uomini che spesso si riunivano a discutere nel salotto.

Seppi, pochi giorni dopo, che quei sette ragazzi erano partigiani, che combattevano nella Resistenza.

Spolverando la mia scrivania, la signora Angela aveva notato un timbro datario con un'aquila sormontata da una svastica, timbro che io, spesso, utilizzavo per vidimare le traduzioni richiestemi dalle poche ditte con cui ancora lavoravo.

Tutt'ora non riesco a spiegarmi l'esatta provenienza di quel timbro. Credo facesse parte degli strumenti da lavoro di mio padre, per portare avanti la contabilità del negozio di Vienna, dopo che l'Austria era stata annessa alla Germania di Hitler. La padrona di casa, conoscendo la mia situazione e non avendomi, per questo motivo, notificata alla polizia, parlò con i giovani partigiani che chiesero di conoscermi. La signora Angela si diceva molto preoccupata per la mia carta d'identità che rivelava la mia origine ebrea: circolare con quel documento, rappresentava un rischio che non potevo più correre, un rischio che poteva coinvolgere tutti quanti. Fu così che quei partigiani mi spiegarono che potevano procurarmi una carta d'identità falsa, grazie a una impiegata dell'anagrafe di Varese. In cambio avrei dovuto dar loro il timbro in mio possesso.

Non ci pensai due volte: in un attimo, quel sospirato oggetto era nelle loro mani.

Dopo pochi giorni ebbi la mia «regolare» carta d'identità, sulla quale c'era scritto: «Elisa Bianchi, nata a Milano il 12-2-18, di religione Cattolica».

In quel momento, provai una sensazione forte, strana. La sensibilità di qualcuno mi permetteva di vivere più serenamente. Se i nazisti o i fascisti mi avessero fermata per strada, avrei potuto esibire il mio lasciapassare per la vita.

In quel periodo avevo pochi contatti con la gente, diffidavo di tutti, avevo pochissimi conoscenti. Ero riuscita, però, a stringere amicizia con una cara ragazza di Rimini, che viveva vicino alla mia pensione, insieme al fratello geometra: la cara Ninni, Ninni Schiedi. L'amicizia di quel tempo, ha resistito alla guerra e allo scorrere degli anni.

Ancora oggi, nonostante si viva a molti chilometri di distanza, il nostro legame è vivo e intenso.

Insieme trascorrevamo le serate libere parlando, lei della sua bella Rimini e del mare, io ricordando la mia Vienna, l'odore dello zucchero filato che si diffondeva per le strade, gli uccelli che cinguettavano a migliaia sugli alberi del Volksgarten: chissà se cantavano ancora, se erano ancora lì?

Una sera le parole della mia amica Ninni mi riportarono alla realtà. «Devi cercarti un'altra sistemazione, non puoi più restare in quella casa frequentata dai partigiani: è molto pericoloso.»

Decisi così di cambiare pensione, nonostante mi fossi trovata bene. Nell'aprile del '44 mi trasferii presso una brava signora, nella cui abitazione, tra corso Buenos Aires e piazza Piola, occupai una piccola stanza. Notificata come Elisa Bianchi, continuai a guadagnarmi la vita facendo traduzioni per le solite ditte.

La primavera del '44 trascorse serenamente, malgrado tutto, lasciando spazio all'estate, al suo caldo umido e afoso. Uscivo poco in quei giorni, preferivo stare rintanata nella mia stanza che mi concedeva il sollievo dell'ombra.

Un giorno, si presentò a casa una signorina molto distinta: aveva bisogno di una traduzione dal tedesco all'italiano.

Sapeva che nel palazzo c'era una ragazza che si dedicava a questo lavoro. «È lei Elisa?» mi chiese. Al mio gesto di assenso, mi pregò di favorirla per l'indomani: aveva molta urgenza.

Davanti a tanta gentilezza non potei rifiutarmi e la invitai a ritirare il tutto, il giorno dopo.

Il 23 giugno 1944, all'ora stabilita, suonò il campanello di casa e io, con la lettera già tradotta in mano, mi affrettai ad aprire la porta. Due SS in divisa, a bruciapelo mi dissero: «È lei Elisa Springer?... Si vesta e venga con noi.»

Un brivido scosse tutta la mia persona.

Raccolsi le mie forze per restare calma e lucida. «No, io sono Elisa Bianchi. Deve esserci un equivoco» risposi.

Mi fu chiesto di mostrare la carta d'identità, ma quando l'ebbero in mano, mi gelarono subito: «Questa è falsa, da chi l'ha avuta? Si vesta e venga con noi. Prenda tutta la sua roba perché le servirà. Si sbrighi.»

Il momento tanto temuto in tutti quegli anni era arrivato.

A nulla erano valse le mie fughe, il peregrinare per mezza Europa. Non potevo sottrarmi al mio destino.

Raccolsi, tremando, tutto ciò che poteva contenere la mia valigia, e scesi con loro. Giù, davanti al portone, due macchine ferme.

Da quella anteriore si affacciò un ufficiale fascista che, guardando verso di me, gridò: «L'avete presa?» Contemporaneamente, rispondendo con un cenno del capo, le due SS mi spinsero a forza verso la seconda macchina. Sul marciapiede di fronte, alcuni passanti si erano fermati a guardare incuriositi. Sentivo su di me il loro sguardo e la loro indifferenza. Volevo gridare, ma non una sillaba mi uscì dalla bocca. La mia lucidità e la mia calma avevano lasciato spazio allo sgomento, alla paura. Mi sentivo smarrita.

Era il 23 giugno '44: avevo ventisei anni.

Mi fecero accomodare sul sedile posteriore dell'auto e appena salita, mi accorsi della presenza di un'altra ragazza. Mi lanciò uno sguardo sfuggente, non disse una parola. Si sforzava di mantenersi indifferente, ma intuivo il suo imbarazzo. Era la stessa signorina che il giorno precedente mi aveva chiesto la traduzione: era dunque una spia.

Con il coraggio che ancora mi rimaneva, gridai: «Lasciatemi andare, io non ho fatto niente... Non vi basta aver già preso i miei genitori e ucciso mio padre, solo perché ebrei?»

«Così sei anche ebrea...? Sei una spia e sei anche ebrea! Da questo momento devi stare zitta, risponderai dopo a chi di dovere. Hast du verstanden?!» (Hai capito?!) Rispondendomi in questo modo, e colpendomi su un braccio, mi misero a tacere. Fu questo un modo molto esplicito per farmi capire cosa mi aspettasse «dopo».

Condotta nel carcere di San Vittore, ed espletate le formalità, mi relegarono all'ultimo piano, in una cella del quinto raggio. Mi urlarono: «Sta' zitta e non darci fastidio... Presto verranno a prenderti!» Un sorriso sadico ravvivò il volto dei due guardiani che mi scortavano. Stranamente, notai che la cella era stata lasciata aperta.

«Non ti illudere... verranno a chiuderla di notte.» Quella voce proveniva dal ballatoio: era Vittorio, detenuto ebreo come me, Vittorio Nahim. «Vieni, ti presento gli altri inquilini del "palazzo".»

Così dicendo mi portò nella cella della famiglia Milgrom: madre, padre e due bambini bellissimi, Carmi, di dieci anni, e Rea, di otto. Fui colpita dalla presenza di quelle piccole creature e dal loro modo di stare attaccate alla madre. «Mi chiamo Herta Milgrom» mi disse la donna «e questo è Isaac, mio marito. Qui non siamo soli, siamo tutti amici... Il quinto raggio è occupato da intere famiglie ebree... Durante il giorno, ci è consentito di girare liberamente per i corridoi, in attesa dell'interrogatorio.»

A queste ultime parole, Herta Milgrom cambiò l'espressione del viso: una via di mezzo tra il malinconico e il preoccupato. Sembrava molto scossa dal pensiero dell'interrogatorio.

Il primo giorno di detenzione, cercai di stringere amicizia con i miei vicini di cella: Herta, Isaac, i bambini e Vittorio.

Quest'ultimo era di Alessandria d'Egitto e si trovava a San Vittore già da un mese.

Giunta la sera, ognuno rientrò nella propria cella. Io tornai nella mia che occupavo da sola. Di lì a poco, la porta fu chiusa da uno dei guardiani. A notte fonda, fui svegliata da un rumore che mi fece sobbalzare di colpo: qualcuno aveva aperto lo spioncino della mia cella per controllare che tutto fosse in ordine. Ogni pretesto serviva per crearci tensioni, insicurezze, paure.

Non riuscii più a riaddormentarmi. D'un tratto fui nuovamente scossa, ma, questa volta, si trattò di urla. Provenivano da uno dei piani sottostanti. Erano urla che straziavano l'anima, trafiggevano il silenzio della notte..., percuotevano le membra, cancellando, in un attimo, quella parvenza di calma che, a stento, ero riuscita a impormi dal momento dell'arresto.

Il mattino seguente, quando le celle furono aperte, riuscii a sapere il perché di quelle grida nella notte: erano venuti a prelevare, così mi disse Vittorio Nahim, dei ragazzi partigiani che erano stati catturati e internati precedentemente.

Li portavano via a forza, per fucilarli.

Prelevarli dalle celle in piena notte, era un espediente per accrescere la tensione negli altri prigionieri del carcere, ma, soprattutto, voleva essere un metodo convincente per superare l'eventuale reticenza da parte di chi, di lì a poco, sarebbe stato interrogato.

Herta, avvicinandosi, mi disse: «Presto verranno anche per te. Vorranno nomi, nomi di ebrei, di parenti, di persone che ti hanno aiutato. Se non parlerai ti daranno tante botte: cerca di indossare tutto quello che potrai. Ti servirà per attutire i colpi. Stringi i denti e nomina persone che sai già in salvo. Noi ti aspetteremo e pregheremo per te!»

E arrivò, anche per me, il momento dell'interrogatorio.

Fui prelevata e condotta in una stanza. Non avevo fatto in tempo a imbottirmi, come mi aveva raccomandato la cara Herta, ma in compenso, sapevo già come rispondere.

Si aprì una porta alle mie spalle ed entrarono due SS: il primo si fermò dietro me puntandomi una pistola alla nuca, l'altro si sedette di fronte. Proprio quest'ultimo cominciò a interrogarmi. Mi furono messi davanti dei fogli bianchi, sui quali riconobbi il timbro che avevo ceduto ai partigiani in cambio della carta d'identità: mi sentii raggelare.

Quel timbro era servito per vidimare dei permessi per il prelievo di benzina: lasciapassare, che consentivano rapidi spostamenti alle persone il cui nome era scritto sulla carta.

«Conosci questi fogli? Li hai già visti da qualche parte?»

Negai con fermezza e, per tutta risposta, l'ufficiale che mi interrogava, sferrò un poderoso pugno sul tavolino e gridò: «Scheiss. Sporca spia ebrea, sarai punita per la tua ostinazione. Ti pentirai amaramente.»

Fui rispedita nella mia cella.

All'alba del 26 giugno '44, dopo tre giorni di detenzione a San Vittore, udii dei passi che si avvicinavano lungo il ballatoio e un rumore di chiavi davanti alla mia cella. Spalancata bruscamente la porta, una guardia mi gridò: «Svelta, alzati e vieni con me.»

Senza rendermi conto di quanto stesse accadendo, fatta scendere dal quinto raggio, fui condotta fuori e qui, spinta con forza su un'auto. A bordo vi erano già l'autista e un soldato tedesco.

Quest'ultimo mi disse bruscamente: «Sai cos'è San Domenico? È il tuo nuovo carcere a Como, è lì che ti hanno denunciata ed è lì che racconterai tutto ciò che sai.»

Rimasi nel carcere di Como per un mese, fino al 26 luglio '44. Dividevo la cella con altre cinque compagne. Alcune di loro vivevano facendo contrabbando. Proverò a ricordare qualcosa di loro, perché rappresentano un momento dei miei ricordi.

Teresa detta «fumaiolo»: stringeva sempre fra le dita una sigaretta, accesa o spenta che fosse.

Adele ingannava il tempo giocando da sola con le sue inseparabili carte.

Libera che, nonostante l'abbrutimento del carcere, conservava ancora una dose di vanità, come a volersi estraniare dallo squallore che ci circondava.

La piccola Irene, con i suoi tredici anni, già in credito con le necessità della vita.

E, per finire, la «mamma» del gruppo: Mansueta, piena di premure e sempre con una buona parola per ognuna di noi.

Durante la detenzione a Como, subii diversi interrogatori. Le botte, i pugni ricevuti sulle spalle, i calci sferrati negli stinchi, mi caricarono di una forza a me sconosciuta: la forza della disperazione. Dovevo resistere. Solo così potevo superare quei terribili momenti. Durante l'ultimo interrogatorio, un ufficiale nazista, stanco della mia ostinazione, mi pestò le dita di un piede con il tacco del suo stivale, frantumandomi le unghie. Sentii il sangue bagnare la scarpa e un dolore tremendo mi fece perdere i sensi. Ancora oggi ne porto i segni. Mi risvegliai con una secchiata d'acqua in faccia, e mi trovai di fronte a un ufficiale che indossava un divisa beige: nella stanza, adesso, eravamo solo noi due.

Mi raccontò di essere austriaco come me, di Vienna, come me. Mi chiese di fare nomi, di parlare, di collaborare..., di tradire. Solo così avrebbe potuto aiutarmi e salvarmi la vita.

Mi raccontò della sua famiglia e si sfogò dicendomi che, durante un bombardamento, aveva perso moglie e figlia.

Sembrava sincero e convincente.

L'unico modo per uscire viva da quella stanza, era dunque che io parlassi. Inventai, allora, nomi. Rivelai quelli dei miei parenti che sapevo già al sicuro in America, in Argentina, in Brasile: persone che ormai, non avrebbero mai più potuto raggiungere, mai più potuto sopraffare. L'ufficiale si ritenne soddisfatto e mi lasciò libera, libera di ritornare in cella dalle mie amiche che quel giorno, furono più premurose del solito, rispettando il mio silenzio. Mi addormentai, accovacciata sulla branda, trafitta dal dolore che fino a quel momento ero riuscita a sopportare.

L'indomani seppi che la cara Mansueta aveva vegliato, tutta la notte, sui miei lamenti: il mio dolore aveva fatto breccia nel cuore delle mie compagne di cella, meritavo la loro stima, perché non avevo rivelato i nomi di chi lottava per la Resistenza.

L'amicizia con le mie cinque compagne, la spontaneità dei nostri atteggiamenti, ci portarono, per tutto il mese trascorso in quel vecchio e putrido carcere, ad assumere una posizione diversa nei riguardi della situazione che vivevamo. C'era un modo nuovo di vivere le nostre giornate. Quella cella sporca e umida, stava diventando il nostro rifugio: inconsciamente e assurdamente, tentavamo di rimuovere la tensione di quei giorni.

Non ci furono più interrogatori.

Tanto era sconfinato il piacere di non subire più maltrattamenti e botte, che tutte insieme, ritrovammo la serenità per scambiarci scherzi, talvolta anche pesanti, senza che nessuna se ne dolesse.

Eravamo così prese e coinvolte dagli attimi di quel presente che passato e futuro furono relegati e accantonati nella parte più nascosta della mente. In uno di quei momenti di «sconsiderata spensieratezza», dopo aver contato, nella mia branda, circa quaranta cimici che si beavano dell'ospitalità loro offerta, composi una poesiola. Scherzosamente descrivevo una giornata passata nelle carceri di Como, nominando le mie compagne di cella e anche la guardiana, signora Giuseppina. Fu a quest'ultima che consegnai il mio componimento, quando fui costretta a lasciare il carcere. In seguito, venni a sapere che dopo la mia partenza, fu rinchiusa nelle carceri di Como donna Rachele Mussolini. Demoralizzata e affranta, la moglie del Duce piangeva per buona parte della giornata. Fu così che, nel tentativo di sollevarle il morale, la signora Giuseppina pensò bene di consegnarle la mia poesiola.

Donna Rachele non restituì più quel mio scritto, e così io, poetessa ebrea di un momento, entrai a far parte delle «carte» di casa Mussolini.

La mattina del 26 luglio '44, venni prelevata senza alcuna spiegazione, e con tanta fretta, da non avere il tempo di salutare le mie compagne di cella. Era l'alba e a stento mi accorsi che la piccola Irene era già sveglia e mi guardava, senza riuscire a pronunciare una parola. Lessi nei suoi occhi lo smarrimento e la paura: forse temeva che prendessero anche lei.

Fuori dal carcere un camion attendeva col motore acceso.

Senza tanti complimenti, spinta bruscamente da un soldato tedesco, mi ritrovai su quel camion: unica donna in mezzo a tanti uomini (seppi dopo essere partigiani). Di fianco all'autista, nella cabina, un nazista col mitra ci teneva d'occhio. Dietro, insieme a noi, seduto vicino alla sponda, un altro tedesco, armato ugualmente di mitra, scoraggiava ogni nostro eventuale tentativo di fuga.

Seguiva il camion, come scorta, una vettura scura con delle SS. Di quel gruppo di ragazzi partigiani caricati insieme a me sul camion, non ritornò nessuno: seppi, dopo la Liberazione, che erano stati tutti fucilati, insieme a quelli che mi avevano procurato la falsa carta d'identità.

Ricondotta nel carcere di San Vittore a Milano, fui rinchiusa fino al 2 agosto '44, in una cella sporca e buia, in compagnia di una signora, anch'essa ebrea, che piangeva in continuazione. Nei miei ricordi di oggi, forse Emilia C.

Mi raccontava che, della sua famiglia, era stata arrestata soltanto lei. Suo marito era cattolico e l'unico suo figliolo, cattolico anche lui, combatteva al fronte insieme ai tedeschi! Disperata, si lamentava che una famiglia costruita con amore, si era disgregata in un attimo. Il credo di un uomo, la fede cieca di tanti, compreso suo figlio, avevano spezzato un legame che doveva essere più forte di qualsiasi odio: avevano reciso il cordone ombelicale che tiene uniti una madre e un figlio. Una madre può morire per il proprio figlio, ma un figlio, in quel momento e in quel modo, stava facendo morire la propria madre. La disperazione e l'amarezza mi sprofondarono in un mare di sensazioni e di ricordi. La mia mente tornò a mia madre che non vedevo più ormai da tre lunghi anni. Di lei non avevo avuto più notizie: io avrei dato la vita per la sua.

Presi tra le mani la testa di quella mamma, la strinsi a me e, per la prima volta dopo tanto tempo, pronunciai con lei lo *Shemà Israel*[1].

[1] È l'atto di fede del popolo ebraico verso Dio.

Il 2 agosto 1944, quella preghiera fu ripetuta mentre io, la cara Herta Milgrom, suo marito Isaac, i loro due bambini, Vittorio Nahim e altri ebrei, venivamo trasportati con un camion alla stazione di Verona. Qui, fummo spinti brutalmente e caricati su di un vagone bestiame, senza un criterio preciso, bambini, neonati, vecchi e invalidi, gettati su quel carro e chiusi, dall'esterno, ermeticamente con del filo piombato.

Ci ritrovammo in trentasei su quel vagone: un pezzo di pane nero e un po' di marmellata di barbabietole, dovevano bastare per il viaggio e per la fame.

Alcune fessure ci permettevano di vedere all'esterno: altri sventurati, provenienti da chissà dove (oggi so da Fossoli e Ferramonti), furono fatti salire sul nostro stesso convoglio. Tanti anziani e bambini piangevano e gridavano le loro paure. Echeggiava nell'aria un grido continuo: «Schnell, schnell Juden!»

Lungo le banchine della stazione, soldati tedeschi con il mitra in mano spintonavano poveri anziani che, curvi sotto il peso di valigie, di ceste enormi, procedevano più lentamente degli altri. La confusione che regnava era tanta. Si urlavano nomi, le voci si intrecciavano, confondendosi: su tutte, risaltava il pianto dei bambini. Per molti di loro, quel pianto sarebbe stato l'addio della vita.

Il convoglio si mosse lentamente verso una meta sconosciuta, portando con sé quel carico di sofferenza e dolore. Eravamo circa trecento, siamo sopravvissuti in ventinove.

Durante il viaggio, Isaac e Vittorio Nahim confabulavano tra loro silenziosamente; Herta e io, a turno, cercavamo di distrarre e rincuorare Carmi e Rea che davano segni di irrequietezza.

Quei momenti interminabili stavano cementando la nostra amicizia, cominciata nel carcere di San Vittore.

A poca distanza da noi, una donna. Ci colpì il suo modo di stare in piedi ore e ore, con il viso rivolto verso una fessura del vagone e le mani quasi aggrappate a quella fessura. Sembrava soffrisse di claustrofobia. Durante il viaggio, non aveva scambiato neanche una parola con chi le stava vicino.

Herta e io pensammo fosse sola: decidemmo, così, di avvicinarci per conoscerla. Accarezzando il viso della piccola Rea, quella donna ci raccontò di essere viennese e di chiamarsi Hedy Epstein. Aveva anche lei un bambino di otto anni, nascosto in un convento a Milano. Non credeva che l'avrebbe più rivisto: temeva che i nazisti lo trovassero. Così dicendo, cominciò a piangere sommessamente: un pianto carico di umana dolcezza e di infinito amore materno. Contenta di poter parlare la mia lingua dopo quattro lunghi anni, mi rivolsi a lei in viennese. Cercai di consolarla, dicendole che proprio il pensiero di suo figlio doveva rappresentare la luce, il faro che l'avrebbe riportata a lui. Anch'io ero sola, ma sicura che da qualche parte del mondo, alla fine di tutto, qualcuno mi avrebbe aspettato.

Il caldo di quel vagone chiuso era diventato insopportabile e soffocante. Avevamo una gran sete, ma la difficoltà di soddisfarla divenne ben presto atroce sofferenza.

Ci guardavamo l'un l'altro, ci interrogavamo.

Alcuni si dicevano bene informati circa la nostra destinazione: «Vedrete, ci porteranno in Germania... Lì ci sono dei campi di lavoro...»

Dopo cinque giorni di lungo viaggio eravamo sfiniti, affamati, assetati, disperati. A terra, nel vagone, c'era del paglericcio su cui dormivamo. La pena più grande era per i bambini, gli anziani e gli ammalati. Alcuni anziani erano accovacciati, chiusi in un silenzio che noi più giovani rispettavamo. Altri, al contrario, piangevano, pronunciando parole a volte incomprensibili, ripetute come una cantilena. Il disagio cui erano stati costretti, li aveva provati oltre ogni loro capacità di resistenza. Nel vagone si respirava un'aria nauseabonda: urine e feci di chi non si muoveva più, si erano mescolate con la paglia.

Due uomini riuscirono a rompere alcune assi al centro del carro bestiame, creando così un'apertura che ci consentì finalmente di fare i nostri bisogni nascondendoci, a turno, dietro una barriera di uomini o donne, a seconda delle necessità.

Dopo un interminabile calvario, la sete e la fame erano diventate le nostre padrone: alcuni anziani, distesi su un paglericcio, non davano ormai alcun segno di vita. Noi più giovani eravamo sempre all'erta, attenti a ogni scossone del treno, a ogni rumore «diverso» proveniente dall'esterno, come le bestie chiuse in un recinto che rizzano le orecchie, quando avvertono segnali di pericolo attorno a loro.

Eravamo bestie impaurite e tremavamo a ogni rumore sospetto. Il primo atto di spersonalizzazione, la prima manifestazione del decadimento della nostra condizione di esseri umani, stava tragicamente iniziando!

Cominciò a piovere a dirotto, ma, quella notte d'agosto, quella pioggia ci regalò un sollievo inaspettato, attenuando l'afa e il caldo insopportabili.

Il treno improvvisamente rallentò la sua corsa fino a fermarsi. Alzandoci sulla punta dei piedi, e guardando dalla finestrella col filo piombato, Vittorio e io notammo la scritta «Katowitz»: eravamo in Alta Slesia, eravamo, dunque, in Polonia.

Rimessosi in movimento, il convoglio raggiunse una piccola stazione, dove si fermò ancora una volta. Sentimmo armeggiare attorno al nostro vagone. Tolto il catenaccio, si aprì il portellone e salì qualcuno che ci sembrò un ferroviere. Scrutando l'interno con una lampada, si rivolse a noi in tedesco dicendo: «Adesso potete dire tutti "Amen – Alleluja."»

Non comprendemmo il significato di quelle parole, ma una volta sceso, mentre richiudeva il portellone, quel ferroviere ripeté, ancora, «Amen – Alleluja.»

Nessuno di noi riuscì a rompere il silenzio che era calato, come un macigno, nel vagone.

Il treno riprese la sua marcia, lentamente, accrescendo la nostra angoscia. Dopo circa mezz'ora eravamo al capolinea.

Pioveva a dirotto: erano le tre del 6 agosto 1944.

Fasci di luce inquadravano un grande spiazzo. Ordini concitati, urlati in tedesco, davano disposizioni, mentre alcuni cani abbaiavano sul piazzale.

«Heraus... Absteigen... Herunter... Los, los» (Fuori... scendere giù... veloci): queste le urla che, ancora oggi, risuonano nella mia mente.

Fummo fatti scendere velocemente e a colpi di

bastone, spinti e radunati nel piazzale: regnava una gran confusione.

Tra le SS e noi prigionieri, si aggiravano alcuni uomini che indossavano una divisa a strisce grigie e blu e un berretto.

La loro espressione non rivelava alcuna emozione: si muovevano con gesti che sembravano scontati, imparati a memoria. Quella confusione, pareva rientrasse nell'ovvietà del loro lavoro.

Più avanti, su un altro binario, c'era un secondo convoglio. Tanta gente era ferma lì vicino, e tanti altri, attraversando un passaggio tra i binari, si incamminavano per una strada asfaltata che li avrebbe condotti a una meta precisa, un percorso stabilito che avrebbe cancellato la loro esistenza. Ma noi, ancora, non sapevamo...

Era una massa silenziosa di anziani e bambini che di lì a poco, sarebbe diventata cenere per i campi di Auschwitz, concime per un mondo, un'umanità che stava perdendo il suo «io», il suo Dio.

Quella strada asfaltata – lo sapemmo solo dopo – portava al crematorio numero 2 di Birkenau e «passava per il Camino».

«Alle Pakete lassen... Bewegung, Bewegung... Los, los»: dovevamo lasciare le nostre valigie, dovevamo muoverci, velocemente, dovevamo far presto. Tremanti di paura fummo divisi in due gruppi.

«Abteilen...! Antreten...! Los schmutzige Juden!»: anziani e malati furono smistati verso quella strada asfaltata che costeggiava del filo spinato, attraverso il quale si intravedevano delle baracche (Frauenlager). Il mio gruppo rimase, invece, sulla rampa ad aspettare sotto una pioggia che cadeva fitta.

Carmi e Rea, i due piccoli di Herta Milgrom, si riparavano stando attaccati alla madre e al padre Isaac; io, da parte mia, me ne stavo attaccata a loro, insieme a Vittorio ed Hedy: avevamo paura di perderci, di rimanere soli.

Vedevo dappertutto filo spinato e torrette, con fari che illuminavano, a intermittenza, baracche lontane.

Alle mie spalle, in fondo al binario, si ergeva la sagoma scura, tetra, di una costruzione con al centro una torre: l'ingresso di Birkenau.

In pochi sono ripassati e usciti da quel cancello, come uomini liberi. In pochi... per raccontare al mondo i propri incubi, la disperazione, il martirio e la miseria di un popolo. In pochi..., soprattutto, per raccontare l'odio, la malvagità e la follia di uomini che, accecati dal miraggio della «Razza Pura», hanno ridotto a brandelli la carne e lo spirito, l'uomo e Dio.

Un ufficiale nazista, percuotendo il proprio stivale con un frustino, indicandoci una scritta su un cancello, gridò: «Arbeit macht frei!» (Il lavoro rende liberi!), lasciandoci intendere che avremmo dovuto lavorare tanto per poter riacquistare la libertà. Non potevamo immaginare quanto.

«Schnell, laufen...» Quell'ufficiale ci fece incamminare per una strada delimitata, ai lati, da un'interminabile serie di paletti con filo spinato (Lagerstraße).

Il fondo era fangoso e frammisto a piccoli blocchi di pietra. Percorremmo, sotto la pioggia incessante, circa un chilometro, seguiti da SS che, imbracciando minacciosamente il mitra, urlavano: «Schnell Juden..., Schweine Juden...»

Giunti a uno spiazzo erboso, davanti a una boscaglia di betulle, ci costrinsero a sdraiarci per terra, e lì rimanemmo tutta la notte, tremanti e abbandonati nel fango.

Assetati, molti di noi immersero il viso in alcune pozzanghere, cercando di bere, di dissetarsi in qualche modo. La sete ci tormentava più della fame, anche se digiunavamo, ormai, da cinque lunghi giorni.

Coprii con il cappotto, che ero riuscita a portarmi dietro, Carmi e Rea. Accovacciati tra me e la madre, erano bagnati fradici, ma teneramente silenziosi e con gli occhi sbarrati dalla paura: non un lamento usciva dalle loro bocche.

La mia amica Herta, fino ad allora apparentemente calma, si strinse al marito e piangendo chiese: «Perché tutto questo...?» Isaac le rispose che tutto sarebbe, presto, sembrato solo un brutto sogno.

Alzando lo sguardo sulla mia destra, al di là delle betulle, il cielo si illuminava a giorno: alti bagliori di fiamma lambivano l'aria, mentre un odore acre si diffondeva, penetrando dentro di me. Erano i sogni di Isaac Milgrom, erano i sogni che bruciavano. Ma noi, ancora, non sapevamo.

Quell'odore tremendo, acre, di zolfo che brucia, non mi ha mai abbandonato, io lo sento ancora oggi, riconosco quell'odore di morte: mi ha avvicinato di più alla vita. Quell'odore è il profumo di libertà di chi, a Birkenau, forse non ha avuto Dio, ma lo ha raggiunto presto.

Quelle poche ore che ci separavano dall'alba, le passammo sdraiati nella radura, in quell'acquitrino. Eravamo in tanti: ungheresi, belgi, italiani. Tremando di paura, fissavamo la fiamma viva che raggiungeva il cielo e lo illuminava a giorno: tutta l'acqua che scese su Birkenau, quella notte, non fu sufficiente a spegnere quella fiamma.

Al mattino presto, delle SS, con alcuni detenuti con la divisa a strisce, ci ordinarono di alzarci alla svelta e di dirigerci oltre il bosco. «Aufstehen..., los. Aufstehen.» Percorse alcune centinaia di metri, passammo davanti a una grossa costruzione in mattoni rossi, sormontata da un alto camino (crematorio e camera a gas numero 4). In quell'edificio stavano per infrangersi i sogni di Carmi e Rea, della mia cara Herta e di tanti altri. Da quel camino, sarebbe passata la fiamma della vita di una famiglia che chiedeva soltanto di vivere in pace, fra gli altri uomini.

Arrivammo, bagnati fradici, a uno spiazzo e fummo costretti a fermarci nelle vicinanze di una costruzione di mattoni rossi, bassa e con i tetti spioventi.

Continuando a imprecare contro «noi sporchi ebrei», le SS ci incolonnarono a colpi di frusta come le bestie al circo: davanti a me Herta con i suoi bambini, subito dietro, Hedy Epstein. Fortunatamente eravamo riuscite a rimanere unite fin dall'arrivo e, questo, ci faceva sentire più sicure.

Isaac Milgrom e Vittorio Nahim si trovavano invece dall'altro lato, nella fila degli uomini.

Davanti a noi si ergeva la figura di un ufficiale nazista, austero nella sua divisa. Scuro di capelli, il suo viso non lasciava trapelare la benché minima emozione. Con lo sguardo profondo, vivo, freddo, ci scrutava per un attimo e poi, con un cenno della mano, dopo averci chiesto l'età, ci divideva mandandoci a destra o a sinistra, quasi fosse un gioco.

All'appello del nostro nome, si sfilava davanti a quell'ufficiale che destinava alla morte immediata, o a quella più lenta: la vita nel campo.

Per la prima volta eravamo di fronte alla bestia di Auschwitz, il Lagerarzt di Birkenau: il famigerato dottor Joseph Mengele. Con lui, il nostro destino si compiva.

Accanto a lui, uno scrivano, un deportato politico ucraino, osservava in silenzio annotando su un registro nomi, nazionalità, data di nascita e provenienza.

Quell'uomo sarebbe stato fondamentale, determinante per la mia sorte. Grazie a lui scrivo oggi queste memorie e adesso sono io lo scrivano che, nei miei ricordi, annota il suo nome: Bogdan K. – n. M. 3637 – nazionalità ucraina.

Nel momento in cui anche noi ci trovammo al cospetto del dottor Mengele, un suo sguardo sfuggente fu sufficiente per mandare la mia amica Herta, e i suoi due bambini, nel gruppo alla mia destra, composto da anziani e bambini.

Io, invece, fui indirizzata sul lato alla mia sinistra.

Vedendomi allontanata dall'amica, istintivamente cercai di raggiungerla: volevo seguirla perché con Carmi e Rea erano tutto ciò che ancora mi rimaneva.

Mi sentii afferrare con forza per un braccio e spingere nella direzione opposta: «Resta dove sei, domani mi ringrazierai.»

Era Bogdan che, in quel preciso istante, decideva che «dovevo» vivere.

Mengele sembrò non accorgersi di nulla.

Avrei compiutamente capito il significato di quelle parole la sera stessa, quando quello scrivano, venuto nella mia baracca, mi avrebbe raccontato della fine di Herta e dei suoi piccoli bambini.

Seguii con lo sguardo i bambini di Herta Milgrom che piangevano guardando verso il padre.

Hedy me la ritrovai, invece, alle spalle mentre con un gruppo di deportate ungheresi e belghe, venivamo spinte e fatte incamminare verso quella costruzione col tetto spiovente: era la «sauna», la sala delle «docce».

In quell'edificio stavamo per consegnare la nostra dignità, mentre, contemporaneamente, in un'altra costruzione di mattoni rossi, poco più distante, Herta, Rea, Carmi e tanti altri sventurati consegnavano la loro vita. Ma noi, non sapevamo ancora.

Dei campi di sterminio, all'esterno, si conosceva ben poco, e questo poco si basava su voci, racconti, sul sentito dire. In realtà, nessuno di noi sapeva quale triste verità si nascondesse in quei luoghi. Solo dopo pochi giorni di permanenza, tutto cominciava ad avere un senso, anche quel lungo camino che sprigionava alte fiamme e diffondeva quell'odore acre di carne bruciata, uno dei tanti compagni di viaggio, tristemente inseparabili, della mia esistenza.

Molte compagne, in seguito, già consumate dagli innumerevoli stenti, avrebbero guadagnato la libertà, attraverso l'unica via possibile: quel camino.

Terminata la selezione, divisero uomini e donne e ci fecero entrare in due baracche diverse. Qui avvenne la nostra orrenda metamorfosi. Il nostro processo di spersonalizzazione iniziava da quella baracca.

Costrette a spogliarci completamente nude, davanti ad alcune SS e alle guardiane armate di bastoni, donne dal viso cattivo e prive di qualsiasi sentimento, fummo fatte poi sdraiare su dei lettini, come quelli in dotazione ai medici, e fummo completamente rasate in tutte le parti del corpo.

A questa mansione, erano addetti alcuni detenuti in camice bianco, che fungevano da barbieri. Da quegli uomini non udimmo neanche una parola, ma dal loro silenzio intuimmo che «dovevano» farlo. In un ultimo tentativo di difendermi da tanta violenza fisica e morale, serrai le gambe, cercando di coprirmi il seno con le braccia. Un nazista mi colpì con la canna del fucile e brutalmente gridò: «Spalanca le gambe e fatti rasare!»

In quel momento persi tutta la mia dignità e il mio pudore.

Le guardiane di fronte a noi ci schernivano ridendo e brandendo il bastone, per accrescere la nostra paura... ma, ormai, non era più necessario.

Uguali nell'aspetto le une alle altre, già fiaccate nello spirito, eravamo inermi davanti ai nostri aguzzini che ridevano del nostro pudore, ci schernivano per l'aspetto, ci mortificavano nella nostra femminilità.

Eravamo ebrei, esseri immondi da eliminare: questa la ferrea logica del Reich.

I nostri indumenti furono accatastati su carrelli

nel corridoio, mentre noi, costrette a passare in una grande sala attigua, fummo sottoposte a una doccia di gruppo: eravamo circa in trecento, pressate come le sardine.

Durante la doccia, sentivo i corpi delle mie compagne soffocare il mio e il contatto con quella pelle umida ed estranea, spingeva alla difesa il mio organismo ancora non abituato a quella vita disumana.

Più tentavo di evitare quel contatto e più mi sembrava di rimanerne intrappolata. Mi sentivo impazzire.

Possibile che fosse tutto vero? Possibile che stesse accadendo a me? Ci furono attimi in cui la mente si isolò dal corpo e non riuscì a riconoscersi in quella grottesca figura, quale, ormai, era la mia.

Asciugate con enormi ventole che emanavano aria calda, fummo successivamente rivestite con stracci, senza biancheria, e con zoccoli disuguali. In seguito, avremmo imparato che il camminare con questi zoccoli di misura diversa, oltre a rappresentare una notevole difficoltà, avrebbe contribuito a rendere più tragica la vita, già tanto precaria, del lager.

Quando la temperatura scendeva sotto lo zero, i piedi, costretti in quelle calzature, si riempivano di tumefazioni e piaghe dolorose, deformandosi. Quella condizione estrema, indirizzava irrimediabilmente il nostro cammino verso la camera a gas.

Uscite dalla baracca delle docce, ci radunarono in uno spiazzo laterale della sauna e, da lì, rividi, a distanza, Vittorio e Isaac. Stentammo a riconoscerci: loro in un vestito a righe, con un berretto in testa; io nel mio vestito di stracci.

Incamminati lungo un viale, le SS ci fecero fermare, incolonnati, davanti a due tavoli, al di là dei quali sedevano due prigioniere come noi.

Ci aspettava l'ultima fase di iniziazione a questa nuova vita: la marchiatura.

Questa operazione veniva eseguita con un ago rovente simile a un pennino e precedeva l'assegnazione alle baracche.

Il numero, una volta tatuato, veniva trascritto su un apposito registro, in corrispondenza delle generalità del detenuto.

Da quel momento scomparivamo come esseri umani, diventando numeri, pezzi per la macchina di sterminio del Reich.

A me fu tatuato il numero A-24020 che, ancora oggi, deturpa il mio avambraccio sinistro. Molte volte ha suscitato curiosità in quanti non ne conoscevano il significato.

Tanti anni fa, quando ancora insegnavo, spesso, i ragazzi mi chiedevano cosa significasse quel numero. Io rispondevo accennando ai campi di sterminio e alla mia triste esperienza, ma loro non capivano e qualcuno rideva.

Fu così che decisi di nascondere il mio tatuaggio con un cerotto, chiudendomi sempre più nel silenzio.

Non volevo sentirmi diversa, non volevo sentirmi osservata: decisi che avrei tenuto solo per me il mio passato, non parlai più. Un giorno Silvio, mio figlio, si accorse del cerotto sul braccio e, preoccupato, me ne chiese il motivo.

Gli confessai che volevo nascondere quel marchio di riconoscimento agli occhi degli altri: il loro scherno e la loro indifferenza mi ferivano.

Indignato, mi confortò dicendomi che dovevano essere gli altri a vergognarsi, non io. «Tu, oggi, sei libera, perché Dio ti ha voluto così.» Sapevo da sempre che aveva ragione, ma non riuscivo a trovare la forza di reagire e avevo ancora paura di non essere accettata dagli «altri». Sentivo di non essere libera. Quell'inchiostro sul mio braccio non poteva in nessun modo essere cancellato, rimosso. Pochi potevano leggere attraverso quell'inchiostro, il significato di quel marchio impresso nella carne. Sulle nostre braccia, nelle nostre carni è raccontata la vita che ci era sfuggita, l'amore sottratto dei nostri cari, la disperazione della solitudine, i nostri sogni diventati fumo.

Dopo il tatuaggio, insieme a tante altre compagne di sventura, giungemmo, attraverso un viale, davanti alle baracche del lager di Birkenau: tutt'intorno, filo spinato ad alta tensione, torrette di guardia su cui vigilavano SS con i mitra sempre pronti.

Per tutta una notte restammo chiuse in quella che, oggi, è conosciuta come baracca di quarantena.

Quella stessa notte, Bogdan K., lo scrivano ucraino, venne a trovarmi e, indicandomi il cielo con la mano, mi raccontò che Rea, Carmi e la mia povera Herta erano già lassù. Loro avevano finito di soffrire. Mi regalò un pezzo di pane e un po' di margarina.

Solo in questi mesi ho saputo che Bogdan K., fatto prigioniero nel 1940, era un detenuto fra i più temuti di Auschwitz: era la più pericolosa spia ucraina al servizio dei nazisti. Dicono che abbia sulla coscienza la morte di decine di prigionieri: alcuni uccisi con le proprie mani. Ci sono testimonianze di ex detenuti polacchi che lo accusano.

Io so soltanto che devo la mia vita a lui. È lui che mi ha salvato dalla camera a gas in quel lontano 7 agosto '44.

È lui che senza chiedermi nulla in cambio, si è preoccupato di portarmi nella baracca, di nascosto, quelle razioni di cibo supplementare che, divise di volta in volta con la mia amica Hedy, mi hanno permesso di rubare giorni alla vita che ci veniva, lentamente e inesorabilmente, sottratta.

Dopo poco tempo, ad Auschwitz, di lui non si seppe più nulla: non lo rividi più. Sentii dire che era stato evacuato nel campo di Mauthausen. Dicono che, catturato in Canada, dove si era rifugiato dopo la Liberazione, sia morto un anno e mezzo fa, mentre attendeva di essere processato per i crimini commessi ad Auschwitz.

Oggi posso affermare, con l'animo sereno e la mente libera dai condizionamenti di quel tempo che, se fosse servita la mia testimonianza per Bogdan K., detenuto numero 3637, avrei, senza ombra di dubbio, sostenuto che si trattava di un uomo «buono». Un uomo in cui la solidarietà, la pietà, la bontà dell'agire, avevano prevalso, anche a rischio della vita, sull'indifferenza, l'insensibilità, l'abbrutimento e sulla precarietà della vita «indegna» che regnava ad Auschwitz.

Ma anche questo resterà per sempre, scolpito sulla lapide dei misteri, delle miserie e della sofferenza umana di un campo di sterminio.

Ora, Bogdan K. è morto. Io sono libera, viva e posso raccontare di una solidarietà scolpita nel profondo del cuore, che non è stata cancellata dalle miserie di quel tempo, dalle nefandezze dell'animo umano.

Una solidarietà che, dopo cinquant'anni di ricordi, si chiama ancora e sempre riconoscenza.

Il giorno dopo, insieme alla mia amica Hedy e ad altre compagne ungheresi e belghe, lasciammo la baracca della quarantena e andammo a occupare quella assegnataci dalle SS.

Trascorsi la mia prigionia nel campo B II C di Auschwitz-Birkenau e precisamente, nella baracca 12.

Una baracca in legno, molto grande, lunga circa ottanta metri, senza finestre e con due grandi portoni: uno anteriore e l'altro posteriore. Una stufa in mattoni rossi, alta circa un metro, percorreva la baracca per tutta la lunghezza: non l'ho mai vista funzionare.

Sulle pareti erano appoggiati dei tavolacci incolonnati su tre piani. Tra un piano e l'altro, l'altezza era di un metro appena, sicché non si poteva stare seduti con la schiena diritta, ma ci si doveva curvare assumendo la posizione degli animali rintanati nelle loro cucce.

Fummo costretti a dormire in dodici su quei tavolacci larghi due metri e lunghi uno, costretti a rimanere sdraiati su un fianco, immobili in quella posizione, poiché la mancanza di spazio ci precludeva ogni movimento. L'insufficiente lunghezza del tavolaccio ci costringeva, oltretutto, a rimanere con le gambe nel vuoto.

In questa situazione, cercai di sistemarmi alla meglio. Occupai un posto all'ultimo piano, riuscendo a collocarmi sul margine esterno del tavolaccio, in maniera tale da avere più aria e da evitare il fiato delle altre compagne. Ancora oggi, dopo cinquant'anni, mi è rimasta l'abitudine di dormire poggiata sul fianco destro, al bordo del letto.

In quella posizione rimanevo tutta la notte, in un dormiveglia da incubo, durante il quale la realtà perdeva i suoi contorni per confondersi con i ricordi del passato, con l'angoscia del presente, con l'immaginazione del futuro.

La mattina all'alba, intorno alle cinque, venivamo svegliate dalla Blockowa[2]: iniziava così la nostra giornata fatta di miseria e di paura.

La vita, ad Auschwitz, era segnata da rituali ben precisi.

Ogni giorno, si veniva sottoposte allo Zählappell[3] che aveva luogo all'aperto. Ci obbligavano, in fila per cinque, a rimanere immobili con lo sguardo fisso avanti per lunghe interminabili ore.

La durata dell'appello variava a seconda delle condizioni climatiche e così, se faceva freddo e pioveva, i tempi si allungavano, diversamente diminuivano.

L'impossibilità di muoverci era assoluta e se qualcuna, cedendo alla stanchezza e agli stenti, crollava le SS la sottoponevano alle più svariate punizioni, coinvolgendo anche chi, eventualmente, le avesse prestato aiuto.

La tecnica delle punizioni variava a seconda dei casi e dei momenti: si passava dalle bruciature con il ferro rovente, allo strappo delle unghie, ai calci

[2] Capobaracca.
[3] Appello.

con i pesanti stivali delle SS, alle bastonate inferte con rara crudeltà.

Le capobaracche sembrava provassero un piacere indicibile nell'infliggerci le punizioni.

Fra tutte, una delle più frequenti consisteva nel farci inginocchiare, con le mani sollevate verso l'alto, reggendo dei mattoni pesantissimi: in questa posizione dovevamo rimanere ore, fino a quando non perdevamo i sensi, ormai sfinite.

Il trattamento punitivo veniva riservato anche a chi non comprendeva, subito, gli ordini impartiti dai tedeschi.

Io avevo la fortuna di conoscere, oltre alla mia lingua madre, anche l'inglese, l'italiano, lo spagnolo e un po' di russo: così cercai, durante gli appelli, di rendermi utile traducendo a mezza voce i diversi ordini alle mie compagne.

In questo modo riuscii a evitare loro atroci punizioni, attirando però su di me l'attenzione delle SS che, da quel momento, cominciarono a controllare ogni mio movimento.

Una mattina, solo per aver aiutato durante l'appello una compagna che era sul punto di svenire, fui chiamata fuori dal gruppo da un ufficiale che, davanti a tutte, con un ferro rovente, mi bruciò l'interno della coscia destra.

Marchiata come le bestie, da quel momento mi si impediva di nutrire il sentimento della pietà e della solidarietà verso il mio prossimo: per me, la strada dell'indifferenza, cominciava a prendere la forma di un percorso obbligato.

La ferita che ne nacque fu così profonda, che mi costrinse a ricorrere alle cure presso il Revier: una baracca adibita a infermeria. Ricoveratami lì per la medicazione, vi rimasi una sola notte, dormendo con altre due prigioniere su una cuccetta di appena un metro quadrato. Spingendoci l'un l'altra per avere un po' più di spazio, a ogni movimento echeggiavano, durante la notte, nello stanzone, grida e imprecazioni: la solidarietà fra disperati, a volte, perdeva ogni logica prevalendo, in tal modo, l'egoismo e l'insofferenza.

Al mattino seguente, una delle addette al Revier, anche lei prigioniera, mi consigliò di rientrare nella baracca dove, certamente sarei stata più al sicuro. Accadeva infatti che buona parte degli ammalati ricoverati nel Revier, sottoposti a selezione, finissero direttamente nella camera a gas sicché, se da un lato il ricovero nell'infermeria evitava il duro lavoro giornaliero e garantiva un trattamento leggermente migliore, dall'altro, rappresentava la via più rapida verso la fine.

Nei giorni che seguirono, mi recai spesso presso il Revier, per farmi medicare la ferita. La delicatezza, la disponibilità e la grande generosità di un'infermiera, contribuirono, in modo considerevole, alla guarigione della mia piaga.

La ferita, curata con ittiolo, per mia grande fortuna si rimarginò in pochi giorni e quando venne il dottor Mengele per la selezione io ero già guarita.

Completamente nude, davanti alle nostre baracche, venivamo minuziosamente esaminate dal Lagerarzt e dai suoi collaboratori: era sufficiente una minima imperfezione, un foruncolo o una macchia sul corpo, perché il destino di ognuna di noi venisse irrimediabilmente segnato. Diventavamo così, senza via di scampo, materiale per il Sonderkommando.

Le continue tensioni psicologiche e i maltrattamenti cui eravamo sottoposte quotidianamente venivano aggravati dalla povertà del regime alimentare.

Al mattino ci veniva somministrato, in un bicchiere di smalto, del surrogato di caffè che io utilizzavo per lavarmi gli occhi e sciacquarmi la bocca, dal momento che in quel periodo ad Auschwitz-Birkenau, scarseggiava l'acqua.

Al pranzo veniva distribuita una zuppa grigiastra a base di rape e ortiche che consumavamo nelle nostre gamelle. Nonostante bruciasse tremendamente la gola, riuscivamo ugualmente, per la gran fame, a ingurgitare quella brodaglia.

Un pezzo di pane, del peso di circa duecentocinquanta grammi, fatto di farina di castagne selvatiche e segatura, doveva bastarci fino al giorno dopo. Per cena ci veniva distribuito un quadratino di margarina e un pezzetto di carne. Dopo la Liberazione qualcuno ipotizzò, forse a torto, che quella margarina e quella carne erano state ricavate dai corpi dei compagni sterminati nel campo.

Questo tipo di alimentazione ci procurava tutta una serie di sintomi che aggravavano altre malattie quali la scabbia, il tifo petecchiale detto anche tifo epidemico, la malaria e la febbre gialla, per ricordarne solo alcune tra le più diffuse e di cui, oltre tutto, mi ammalai.

Le estreme condizioni di vita del campo di Birkenau e l'alimentazione carente, provocarono in molte di noi una forte astenia, una progressiva perdita di peso, accompagnate da dissenteria con, a volte, perdite di sangue. A lungo andare le feci diventavano liquide, gli zigomi, le orbite e le estremità degli arti si gonfiavano per gli edemi. La sete, che non si riusciva a placare, rappresentava l'estrema conseguenza di queste condizioni: ho visto alcune mie compagne, disperate, bere la loro urina.

Ma, se questo oggi fa inorridire, nell'agosto del '44, a Birkenau, era una delle tante regole di vita in quel mondo dell'Assurdo che non aveva regole.

Di notte spesso venivamo svegliate, nella baracca, dalle grida di alcune compagne che litigavano ferocemente.

Ricordo una notte: erano due belghe, madre e figlia.

La figlia accusava sua madre di approfittare del buio e del sonno, per rubarle il pezzo di pane che si era messo da parte sotto il cuscino per il giorno dopo. La ragazza rinfacciava alla madre di essere avida e senza scrupoli. Effettivamente, chi stava peggio fisicamente era la figlia, tanto che, dopo qualche settimana, fu prelevata, durante una delle selezioni, e avviata alla camera a gas. A Birkenau ogni gesto, ogni tentativo di sopraffazione fra le detenute, rappresentava l'estrema necessità per la propria sopravvivenza: si lottava per poter vivere più a lungo anche se, spesso, la bontà, i gesti d'amore verso gli altri, riuscivano a prevalere, nonostante tutto, sulla disfatta dei sentimenti.

Nella mia baracca ricordo una ragazza, piuttosto grassa, bella di viso, con capelli neri, di nome Fanny, che riusciva sempre a trovare una parola di consolazione per chiunque ne avesse bisogno. Aveva un carattere dolce ed era ottimista nonostante la disperazione, la fame e la miseria che regnavano su di noi.

Fanny si ammalò di TBC. Resistette in baracca solo tre giorni. Durante la notte cercammo di vegliarla a turno. La povera Fanny, con voce straziata, immersa in un sudore che sapeva di morte, ci implorava di non abbandonarla, non voleva morire a Birkenau, voleva morire libera, voleva tornare tra i suoi cari. Durante la selezione fu portata al Revier: col fiato che le restava in gola, gridò e supplicò di essere lasciata nella baracca.

Tutte noi assistemmo impotenti, impaurite, a quella richiesta straziante di aiuto. Chiedeva solo di essere lasciata nella baracca. Nonostante il suo fisico robusto, Fanny fu trovata morta nel paglericcio dell'infermeria, dopo aver agonizzato per tutta una notte.

La tragedia della nostra disperazione, la precarietà in cui vivevamo, ci facevano dimenticare troppo presto le compagne che in un momento erano diventate cenere, esseri umani che, fino a qualche ora prima, avevano diviso con noi le luride cucce, il pezzo di pane, le nostre scarse speranze di uscire vive dal campo.

Ho visto a Birkenau l'essere umano, o quello che restava di esso, perdere l'essenza del suo spirito esistenziale, fino alla alienazione di se stesso. Ho visto la paura sul viso delle mie compagne che diventava rassegnazione, ho cercato di non farmi mai sopraffare da essa. Ho sentito crescere dentro di me, ostinatamente, una fede che mi impediva di abbattermi, una fede che «cercava» i suoi figli attraverso il supplizio, una fede che a Birkenau molte volte, aveva smarrito la strada fino a toglierci l'amore e la comprensione, sotterrando inesorabilmente la vita.

Nel settembre '44, ci fu un'epidemia di scabbia. Mi ammalai anch'io. Le nostre baracche erano luride, fetide. L'unica coperta in dotazione era piena di pidocchi e sporca, a volte, di escrementi.

Alcune compagne conservavano la gavetta, con quel che restava del rancio, e il cucchiaio, sotto quella coperta: il timore di restare senza mangiare, era più grande della paura delle bastonate e delle frustate delle SS.

Il prurito provocatomi dalla scabbia era insopportabile, tanto da essere costretta a ritornare al Revier.

Lì una ragazza ungherese, moglie di un dentista, si prese subito cura di me e nonostante la scarsità di farmaci riuscì a trovare una pomata che mi alleviò molto i disturbi.

Io avevo già conosciuto quella ragazza, tempo prima, nella mia baracca. Al suo arrivo al campo, mi aveva colpito il particolare che i suoi capelli castani, di taglio piuttosto corto, erano diventati improvvisamente bianchi, nonostante la giovane età.

Verso la metà di settembre, un forte bombardamento, non lontano dal campo, riaccese le nostre speranze.

Anziché farci prendere dalla paura e dalla disperazione, molte di noi rimasero in silenzio nella baracca, ad ascoltare col cuore in gola. Si fece strada, in noi, l'idea che fosse arrivato il momento della liberazione: speravamo che quelle bombe cadessero su Birkenau, non le temevamo, pensavamo fosse arrivata la fine delle nostre miserie, dei nostri tormenti. Ci illudevamo, con quelle bombe, che il mondo si fosse finalmente ricordato di noi, che esistevamo ancora, malgrado tutto. Forse, uomini liberi, là fuori, sapevano che in quella distesa di quarantacinque chilometri quadrati, Dio aveva concesso ancora il dono della vita. Ci rendevamo conto che qualcosa, forse, stava per accadere. Sentivamo a un passo da noi l'odore di libertà, ma poche di noi ci credevano fino in fondo e quando il bombardamento terminò, con esso caddero anche le nostre speranze e le illusioni che avevano alimentato la nostra fantasia. Le nostre ali, per lunghi attimi, avevano provato a farci «volare» e dimenticare la miseria che ci teneva incatenate a Birkenau senza scampo.

La tensione di pochi istanti prima, lasciò presto spazio alla disperazione; molte si abbandonarono allo sconforto: Dio sembrava essersi dimenticato di noi; forse, pensavo, le nostre lacrime e le nostre preghiere non avevano avuto forza sufficiente per raggiungerlo. Ma non avevamo più forza, solo la disperazione ci faceva sopravvivere per non abbandonarci, definitivamente, e diventare dei «Musulmaner».

Verso metà ottobre '44, si sparse la voce della possibilità di lasciare il campo di Auschwitz-Birkenau.

Ci veniva data, in poche parole, la possibilità di scegliere se rimanere nel lager, oppure seguire un trasporto con destinazione ignota.

Pensai che se fossi rimasta ancora ad Auschwitz, sarei morta sicuramente, mentre andandomene, avrei potuto avere una speranza in più. L'istinto mi spinse ad accettare, animata da un solo pensiero: riuscire a sopravvivere ancora una volta.

L'incertezza del cambiamento era sicuramente preferibile alla morte lenta e inesorabile cui Auschwitz ci destinava.

Ero entrata nel lager ai primi d'agosto e dopo tre mesi me ne andavo.

Non sapevo cosa avrei trovato, ma sapevo che cosa lasciavo: immagini che non mi avrebbero più abbandonato, luoghi dove vittime e carnefici avevano travalicato ogni limite, situazioni di cui nessuna descrizione o nessuna narrazione potranno mai rendere giustizia.

Lasciavo un abisso di barbarie e crudeltà senza fine, dove il massacro silenzioso di tanta gente si consumava nell'indifferenza e nel silenzio colpevole.

Lasciavo un angolo di terra, le cui zolle nascondevano pietà e amore marciti nell'indifferenza del mondo.

E lasciavo i miei compagni. Quelli che avevo conosciuto e perso come la famiglia Milgrom, Fanny; quelli che mi avevano salvato la vita, come Bogdan; quelli di cui, da lontano, avevo seguito le vicende come la ragazza, forse greca, che di notte nella baracca cantava una nenia straziante che durava ore.

Quei visi, quelle storie, quell'umanità; non li avrei più dimenticati. Il 26 ottobre 1944, insieme ad altre compagne ceke, polacche e alla mia inseparabile Hedy, fummo caricate su un convoglio bestiame, sotto gli sguardi vigili delle SS.

Eravamo pronte ad affrontare un altro viaggio.

L'incertezza sulla destinazione mi dava un barlume di speranza: il mio «io» voleva vivere, contava solo questo. A ventisei anni «dovevo» credere che ci fosse ancora vita, e che la vita fosse più forte della morte.

Il viaggio fu lunghissimo. Quel trasporto aveva, infatti, come destinazione, il lager di Bergen-Belsen che si trovava a mezza strada tra Hannover e Amburgo, non lontano dal confine olandese. In realtà, quando poco tempo fa sono ritornata ad Auschwitz, nell'esaminare il carteggio che mi riguardava, conservato nell'archivio del lager, ho scoperto che il mio trasporto avrebbe dovuto portarmi nel campo di Buchenwald e invece, giunti probabilmente a Mühlhausen in Turingia, un pezzo del convoglio su cui viaggiavo fu deviato verso Bergen-Belsen. Fu forse ancora la mano di Dio a guidare il mio destino, perché tutti coloro che giunsero a Buchenwald furono sterminati al loro arrivo. Avrei potuto anch'io morire nello stesso lager che aveva visto gli ultimi giorni di mio padre.

Non lontani da Bergen-Belsen, il convoglio si fermò in aperta campagna. Costretti a scendere dai carri bestiame, fummo avviati verso il campo a piedi.

Un freddo feroce e una pioggia continua ci accolsero dandoci il benvenuto. La mia sicurezza cominciò a vacillare: il posto e il silenzio che incombeva sulle nostre miserie, ci facevano presagire una fine diversa, imminente.

Tutto, intorno, sembrava abbandonato al nulla. Non un rumore: sembrava il posto ideale per un'esecuzione.

Percorremmo, invece, tanta strada e io ne fui felice perché ogni passo fatto, nonostante la grande stanchezza, mi consegnava attimi di vita e speranza di libertà. Ogni tanto uno sparo in lontananza, echeggiando alle nostre spalle, scuoteva il silenzio del cammino: qualcuno, esausto, vinto dagli stenti della prigionia, dal freddo e dalla fame, era arrivato al capolinea della sua sofferenza. Quegli spari abbandonavano, sul ciglio della strada, vittime e miserie del Terzo Reich.

Chi si attardava durante il tragitto veniva sistematicamente eliminato.

Bergen-Belsen si trovava nelle vicinanze di un bosco e per raggiungere il campo fummo costretti ad attraversare un piccolo paese. Ho ancora davanti agli occhi le facce indifferenti della gente del posto, che ci vedeva sfilare vestiti con miseri stracci. Ancora oggi mi chiedo se avessero paura di farsi coinvolgere da un gesto di umana pietà perché minacciati, o se fossero, tutti, obbedienti assertori della pura razza ariana.

Dio mi perdoni se non ho mai trovato degna risposta al mio dubbio e continuo a credere nella seconda ipotesi.

Il lager di Belsen sembrava essere stato aperto da poco. Al nostro arrivo, molte baracche non erano ancora pronte e le latrine, due assi di legno sospese su una fossa, erano all'aperto, sotto la torretta dei soldati, che si divertivano a schernirci. Una volta giunti, rimanemmo all'aperto per molte ore, sotto un vento fortissimo, in attesa che fosse approntato un tendone, grande come quelli da circo, che ci ospitasse tutti.

Quando finalmente il tendone fu pronto, esausti, sfiniti e affamati ci sdraiammo al suo interno, ma una folata di vento, più violenta delle altre, d'un tratto lo spazzò via, costringendoci nuovamente alle intemperie.

La mattina seguente, riunite tutte in una baracca, ci fu distribuito un vestito di juta a righe grigie e blu, un paio di scarpe e un fazzoletto per coprirci il capo, visto che faceva già molto freddo. Alla fine ci assegnarono alle baracche, in tutto identiche a quelle di Auschwitz.

All'inizio la vita, a Belsen, fu leggermente migliore di quella di Birkenau. Non funzionavano ancora i crematori.

Ma con l'arrivo del comandante J. Kramer, iniziò anche lì l'attività delle camere a gas e dei forni: tutto ridiventò tragicamente «normale».

Gli appelli, le selezioni, tutto si volgeva con implacabile regolarità. Destinate ai lavori forzati, all'alba si veniva svegliate dai calci dei tedeschi, al grido «Heraus, zur Arbeit» (Fuori, al lavoro).

Anche a Belsen fui notata per la mia capacità di tradurre, e questo, oltre a evitarmi i lavori peggiori, dopo poco tempo mi procurò il ruolo di vice Blockowa.

La disperazione del lager aveva unito me ed Hedy come sorelle, legate come eravamo dal nostro bisogno di sopravvivenza: insieme, dividevamo il rancio a seconda di chi avesse più fame, ci davamo forza reciprocamente e questo perché avevamo deciso che saremmo sopravvissute.

Dovevamo comunque sopravvivere: questo era quanto, ogni giorno, imponevamo al nostro corpo, alle nostre forze, alla nostra mente. E per questo imperativo, quando la malaria mi colpì «decisi» che non sarei crollata. Riuscii a superare tutti gli appelli in piedi per ore, all'aperto, con la febbre a 40°, sudando freddo e con le forze che mi abbandonavano.

Nessuno, fortunatamente, se ne accorse.

Un mattino, senza apparente motivo e senza alcuna spiegazione, le SS fecero sloggiare alcune di noi, per trasferirci in un'altra baracca. Questi spostamenti si ripeterono per ben tre volte nello spazio di qualche settimana ma, nonostante tutto, Hedy e io continuammo a rimanere unite.

E fu nella terza e ultima baracca che venni nominata vice Blockowa e, per me, la situazione migliorò leggermente.

Dividevo nella stanzetta a parte della baracca, un letto a castello con la Blockowa titolare, che si rivelò molto umana.

Ogni mattina all'alba, venivano le SS e mi ordinavano di organizzare il lavoro, scegliendo cinque-sei, a volte anche dieci compagne, a seconda delle necessità.

Con il fischietto ricevuto in dotazione, davo la sveglia e poi destinavo al lavoro chi era meno malandata.

In questo modo, riuscii ad aiutare molte mie compagne, dividendo come potevo anche la mia razione di cibo.

Uno dei momenti più feroci della giornata nel campo era l'orario del rancio.

Guardiane e prigionieri portavano, vicino alle baracche, un bidone colmo della solita brodaglia grigiastra.

Cercavo di «organizzare» l'assalto delle compagne affamate che si avvicinavano disordinatamente, e pericolosamente, con le loro gavette. Chi riusciva a mangiare velocemente, poteva fare in tempo a ripulire il bidone dai rimasugli, ed era, anche questo, motivo di tanta agitazione e sofferenza.

Come le bestie di un branco, ringhiando, si dividono l'ultimo boccone, così le compagne della baracca, sbavando con lo sguardo cattivo, cercavano di farsi spazio, per impossessarsi dell'ultimo mestolo di cibo rimasto in fondo a quel bidone, incuranti delle frustate che si abbattevano sui loro mucchi di ossa, sotto lo sguardo sadico, divertito e disumano delle SS.

Lentamente, man mano che il tempo passava, anche a Belsen la situazione cominciò a precipitare. Il nuovo comandante del lager, la «Belva di Belsen» – Joseph Kramer, aveva portato con sé il terrore del lager femminile di Auschwitz: Irma Greese, detta l'«Arpia di Belsen». Si diceva fossero amanti.

Vedevamo la Greese passeggiare spesso nel campo con un tailleur scuro, gli stivali lucidi, alti fin sotto il ginocchio, mentre portava a guinzaglio il suo grosso cane lupo, capace di sbranare in pochi attimi un uomo.

Molte di noi terrorizzate, guardavano quella donna e seguivano con lo sguardo il suo percorso, sperando che si allontanasse, quanto prima, dalle baracche. Lei poteva decidere, come in un gioco, della vita e della morte di ognuna di noi e le sue decisioni, affidate ai suoi repentini cambi d'umore, portavano, spesso, alla camera a gas. Una mattina dopo aver «scelto» delle compagne per il lavoro, e dopo l'appello, rientrata nella stanzetta della baracca, mi misi a mangiare un pezzo di pane e guardando attraverso la finestra, notai che, continuamente, carriole cariche di cadaveri sfilavano davanti ai miei occhi: la vista di quei corpi consumati, di quegli stracci «anonimi», accatastati l'uno sull'altro, incredibilmente, assurdamente, amaramente, non mi toccava più.

Mi resi conto che la mia insensibilità, figlia della paura e dell'abitudine, stava prendendo il sopravvento sui sentimenti che, in quel momento, iniziavano a non appartenermi più, perché uno solo era il pensiero che attraversava la mia mente: quando sarebbe giunto il mio momento?

Non c'era tempo per la compassione, diminuivano le condizioni per la pietà verso chi non ce l'aveva fatta a sopravvivere.

In ognuno di quei volti disperati, con gli occhi fuori dalle orbite e con gli zigomi sporgenti, io immaginavo il mio e vedevo solo la paura: tutto ciò toglieva spazio a qualsiasi altro sentimento.

Nonostante il «privilegio» di essere vice Blockowa, mi chiedevo quanto avrei potuto resistere ancora. Ce l'avrei mai fatta a rimanere viva tra i vivi?

E sopravvissi anche a Belsen.

4.

Nel febbraio '45, io e la mia amica Hedy fummo assegnate a un trasporto che dal lager di Bergen-Belsen ci trasferiva a Raghun[1], a circa cinquanta chilometri da Lipsia.

A Raghun, i nazisti avevano impiantato una fabbrica di aeroplani (MesserSchmidt, se non ricordo male): per il Reich, noi rappresentavamo manodopera a costo zero e pertanto fummo destinati al lavoro presso questo impianto.

Eravamo trattati come animali, costretti a svolgere i lavori più pesanti e pericolosi, con i guardiani che ci controllavano continuamente e le SS che ci minacciavano con i fucili puntati dietro la schiena. Pur lavorando insieme agli operai tedeschi esterni, non si poteva scambiare neanche una parola.

Si doveva solo lavorare per lunghe e interminabili ore, produrre il più velocemente possibile, e quando qualcuno di noi cedeva alla stanchezza, si veniva trascinati fuori anche a colpi di frusta e si spariva, senza lasciare più traccia della propria esistenza. Il posto reso vacante veniva subito rimpiazzato: la

[1] Sottocampo di Buchenwald.

produzione non poteva aspettare, non poteva concedere sconti. Del resto, la manodopera abbondava a Raghun.

All'ora del rancio, mentre i tedeschi, gli operai e le guardiane mangiavano il loro pasto regolare, ci schernivano, buttandoci addosso le bucce delle patate e gridando: «Fressen... Schweine» (Mangiate, porci). Loro erano seduti attorno a un tavolo sistemato su una pedana che li poneva più in alto, rispetto a noi nella sala. Dovevamo accontentarci solo di quelle bucce che divoravamo, perché il nostro pezzo di pane, da solo, non bastava.

La precarietà della nostra condizione, l'impossibilità di reagire, il terrore di essere portate via ed eliminate, ci faceva abbassare lo sguardo per non guardare negli occhi chi si prendeva gioco della nostra miseria e, intanto, speravamo che ci «piovessero» ancora addosso altre bucce.

Per le guardiane, forse, i porci avevano più dignità di noi, ma noi avevamo più fame.

Ricordo che ogni mattina all'alba, per raggiungere la fabbrica, si attraversava a piedi un campetto coltivato a ortaggi e non di rado, rischiando atroci punizioni, mentre soldati e guardiane ci precedevano, qualcuno di noi si staccava furtivamente dalla fila, per strappare dalla terra una cipolla o una patata e calmare, per un attimo, i morsi violenti della fame. Ci riempivamo la bocca e ingoiavamo rapidamente, ricomponendo velocemente la fila.

Nella fabbrica, io fui destinata a lavorare a una pressa che tagliava pezzi di lamiera. La lama era azionata da un pedale e io dovevo essere molto accorta e rapida a sistemare il pezzo di lamiera nella giusta posizione e a ritrarre in tempo le mani, prima che la lama scendesse come una ghigliottina.

Sarebbe stata sufficiente una minima distrazione, perché quella lamiera tranciasse anche le mie dita e ciò non avrebbe significato tanto la menomazione permanente, ma soprattutto la morte.

L'inabilità al lavoro voleva dire incapacità a produrre e, quindi, inutilità anche per la propria vita.

Questo pensiero mi terrorizzava. Dovevo stare attenta, concentrata, anche quando gli occhi, a volte, si chiudevano per la stanchezza e sentivo le gambe cedere alla debolezza: mi ritrovavo a lottare anche contro me stessa... Ma io avevo deciso di vivere.

Già, vivere, l'unica cosa importante. Nel giro di pochi anni, tutta la mia vita, tutto il mio modo di guardare al futuro, si era forzatamente e terribilmente modificato. Tanto di ciò che normalmente mi era sembrato importante, necessario per l'esistenza, aveva perso ogni interesse. La guerra, la persecuzione, la distruzione della mia famiglia, la mia stessa deportazione, tutto aveva contribuito a farmi comprendere quale fosse l'unica cosa per cui dover pregare e ringraziare Dio: la fortuna di essere vivi.

Evitare la morte era, dunque, l'unico pensiero, anche perché già da Bergen-Belsen avevamo cominciato a intuire che qualcosa stava cambiando. Nel campo, le voci di una sconfitta imminente del Reich si facevano sempre più insistenti, come sempre più vicini erano i bombardamenti degli Alleati. Ogni notizia ci procurava nuove energie, ogni bomba che cadeva rappresentava una nuova speranza.

A Raghun i bombardamenti erano tanto vicini che credemmo fosse davvero arrivato il momento della liberazione.

Quante illusioni. Nelle nostre menti confuse, quanta amarezza e delusione.

E poi quanto terrore ci assaliva, nel vederci, di colpo, velocemente, caricare sui carri bestiame per un nuovo trasporto, marce, altre ignote destinazioni. Le SS ci portavano via dai campi, prima che gli Alleati ci raggiungessero.

Il 17 marzo '45, chiusa ancora una volta in un carro bestiame, lasciavo Raghun per affrontare un ulteriore spostamento, con l'esile speranza che forse, tutto, presto, sarebbe finito: avevo bisogno di crederlo, per fare appello alle ultime, poche energie ancora rimaste.

Durante il trasporto ero attenta a ogni più piccolo rumore che mi facesse capire la nostra prossima destinazione ed ero così in questa tensione, quando ci accorgemmo che ci stavano mitragliando.

Il convoglio si fermò in aperta campagna e i tedeschi, aprendo il portellone del vagone, ci intimarono di scendere velocemente: «Los, los... Heraus...» Dovevamo farci notare, far capire agli Alleati che avevano attaccato un convoglio di prigionieri, di disperati. Il nostro, infatti, era stato scambiato per un trasporto militare, perciò, quando le Forze alleate si accorsero dell'errore, interruppero i bombardamenti e proseguirono oltre. Leggevamo, per la prima volta, la disfatta sui volti dei nazisti. E ancora i nostri miserabili corpi erano serviti come scudo alle loro paure.

Il convoglio poté riprendere indisturbato il viaggio, senza che i militari tedeschi potessero più avere timore di essere nuovamente attaccati.

Durante l'azione aerea, ci era stato detto che chi voleva sarebbe potuto scappare e, nella confusione generale, una compagna italiana di nome Ebe riuscì a raggiungere una garitta poco distante da noi, senza che le SS se ne accorgessero. Rimase per tutto il bombardamento nascosta in quella baracca e non fece più ritorno sul vagone.

Per un attimo anch'io pensai di scappare, ma non avrei saputo dove andare. Temevo che i nazisti ci potessero ammazzare durante la fuga, a tradimento, dopo averci spinti a fuggire.

D'altra parte, non conoscevo i luoghi, non conoscevo la lingua, dato che, dopo tre giorni di viaggio, eravamo già in Cecoslovacchia. Avevo addosso i segni inconfondibili della deportazione e sarebbe stato facile essere ricatturata o tradita da chi si incontrava durante la fuga.

Le esperienze di quegli anni mi avevano insegnato a ponderare bene le scelte e a non fidarmi del primo impulso. Certo, rimanere poteva significare quasi sicuramente la morte, fino ad allora evitata, ma nell'incertezza preferii restare attaccata alla speranza che presto saremmo stati liberati.

Rimasi, dunque, unita agli altri e il 21 marzo, dopo quattro giorni di fame e freddo, il trasporto raggiunse la nuova destinazione: il lager di Theresienstädt, in Cecoslovacchia.

Questo luogo, un lembo di terra perso in un angolo martoriato d'Europa, racchiudeva già nelle sue zolle i resti ridotti in cenere di mio zio Armin, zia Bertha e zio Mischi Bacsi.

Ma io non sapevo...!

Un pezzo della mia storia d'affetti, un pezzo della mia famiglia, del mio cuore, era stato sotterrato in quel campo, dove io per la prima volta poggiavo i piedi, inconsapevole testimone della mia tragedia familiare.

Solo alla liberazione, venni a conoscenza della deportazione, e della sorte degli zii più cari.

Sin dall'arrivo a Theresin, notammo qualcosa di diverso.

Tanti prigionieri ci venivano stranamente incontro e ci salutavano, mentre pochi soldati tedeschi osservavano la scena.

In effetti, Theresienstädt più che un campo di sterminio, appariva ai nostri occhi come un ghetto, all'interno del quale il controllo, in quei giorni, era molto precario, tanto da consentirci di muoverci abbastanza liberamente.

Tutto sembrava così strano, insolito.

Fummo sistemate in baracche identiche a quelle dei precedenti campi, ma le condizioni di vita si rivelarono per noi sensibilmente migliori, sia per il rancio, sia perché non dovevamo svolgere alcun tipo di lavoro.

Dopo Auschwitz, dopo aver vissuto in quel deserto di morte senza speranza, tutto appariva incredibile, miracoloso, ma vero.

Bastarono, però, pochi giorni per toglierci ogni residua illusione. Iniziammo a notare nel campo una strana agitazione da parte delle SS. Una mattina, tutto sembrò restituirci alla vita di sempre, e riprendere la sua tragica normalità.

Con grande sorpresa e per l'intera giornata, notammo che arrivavano, in continuazione, trasporti che portavano nuovi prigionieri. Nel giro di poco tempo la situazione precipitò incredibilmente, mentre i deportati aumentavano enormemente di numero.

Quanto stava accadendo ci lasciava interdetti.

Non capivamo perché quei prigionieri, provenienti dai vari lager sparsi in Europa, venissero trasferiti a Theresin.

Solo dopo la liberazione, ogni cosa, per noi, avrebbe avuto un senso: il Reich stava per attuare la Endlösung, la Soluzione finale. Il sovraffollamento, le pietose condizioni igieniche, la sete e la fame, ci sprofondarono ben presto in una nuova dimensione di disperazione: il terrore, che inizialmente sembrava debellato, cominciò a impadronirsi nuovamente e negativamente della nostra debole psiche. Di nuovo, il sentimento della solidarietà diventava estraneo nei rapporti tra i prigionieri.

Di nuovo, le privazioni, la bestialità, l'indifferenza, la segregazione, prendevano irrimediabilmente il sopravvento nella quotidiana miseria.

Fortunatamente per me, la mia grande consolazione, la mia ancora di salvezza, la mia capacità di reazione, era rappresentata dalla vicinanza di un'amicizia sincera, di una presenza costante: la cara Hedy con cui, sin da Auschwitz, avevo diviso i morsi della fame, il pane, la cuccia e il dolore.

Ma noi avevamo promesso, avevamo pregato, avevamo giurato: «Dobbiamo vivere... Dobbiamo ritornare!»

Abbiamo cercato ostinatamente di sopravvivere, lottando contro il nostro destino, soffrendo a denti stretti. Ma di colpo tutto questo sembrò non avere più senso... almeno per me.

Forse, il mio continuo e disperato tentativo di resistere alla morte, mi aveva fatto sottovalutare il pericolo delle epidemie e la cronica carenza vitaminica nel cibo, causa della distrofia alimentare.

Nei primi giorni di aprile del '45, il tifo petecchiale, malattia molto frequente nei campi, infettò il mio corpo e i miei stracci, provocandomi una febbre altissima con dissenteria acuta e un prurito tremendo. Riuscii a contare fino a venti scariche giornaliere e bruscamente mi disidratai e persi ulteriormente peso, mentre una sete fortissima si impadroniva di me.

L'impossibilità dell'approvvigionamento d'acqua, rendeva più penosa la mia condizione. Mi resi conto che le forze, lentamente, cedevano e mi abbandonavano, mentre lo smarrimento, piano piano, cominciava a insinuarsi nella mia mente ancora lucida.

Era la fine. Ero giunta al capolinea delle mie speranze, della mia corsa alla vita.

Gli ultimi ricordi che ho di Theresin, mi vedono strisciare per terra, trascinarmi fino alle latrine del campo, perché mi ero resa conto di non avere più la forza per reggermi in piedi.

Persi completamente conoscenza, e rimasi in quello stato di incoscienza per circa un mese, senza mangiare e senza bere.

Al risveglio, mi ritrovai nella baracca, stesa su un pagliericcio, e con addosso una coperta. Quanto tempo era passato? Perché, nella mia testa, tutto giungeva così ovattato?

Incrociai lo sguardo di due medici della Croce Rossa Internazionale e della mia cara Hedy che mi accarezzava la nuca: in quegli sguardi ho riconosciuto la vita e, in quella carezza, ho ritrovato l'amore e la pietà che sembrava non appartenessero più alle cose di questo mondo. Pesavo ventotto chili.

Finalmente il mio Dio stava riprendendo forma, le Sue sembianze stavano restituendomi la luce; ero viva, ero ancora un essere degno di vivere. Stentavo a crederlo.

Volgendo la testa all'indietro e guardando fuori, attraverso una finestra posta alle mie spalle, vidi volare tante carte, mentre un forte odore di bruciato mi chiudeva le narici.

Voltandomi, allora, verso Hedy, le chiesi spiegazione su quanto stesse accadendo. «Cara Lisl, tu sei stata tra la vita e la morte per tre settimane. Il campo è stato liberato dalle truppe russe, e queste carte che volano sono i documenti che i nazisti hanno tentato di bruciare, qui fuori, prima di scappare.»

Dunque, era successo tutto poche ore prima e adesso, finalmente, eravamo salvi.

«Uzě vi svobodnyje...» Queste le parole che ripetevano i soldati russi, a Theresin, nella baracca. Sì, eravamo liberi.

Liberi anche di ricevere, dalla Croce Rossa Internazionale, un pacco di viveri. Era il primo, vero gesto di umanità nei miei riguardi, dopo un anno di lager. Era, per me, il primo atto d'amore che proveniva dal mondo libero: la prova tangibile che qualcuno, ora, conosceva la nostra miseria.

Non ebbi la forza di dire una sola parola: guardai

incredula quel grande pacco, chiedendomi, ancora, se fosse tutto vero.

Come meglio potevo lo aprii: c'era ogni ben di Dio, ma la prima cosa che notai, fu un'enorme tavoletta di cioccolata e, a quel punto, non potei più trattenere le lacrime.

Quella cioccolata, di cui sempre ero stata ghiotta, in quegli attimi, mi fece capire che era tutto vero.

Avrei voluto godere in pieno di quei momenti tante volte sognati, tante volte sperati, ma la malattia mi aveva reso troppo debole, sottraendomi ogni residuo di forza.

Avrei voluto gridare la gioia della mia disperazione subita e sopportata in tutti quei lunghi mesi. Sentivo montare, dentro di me, lentamente, una marea di sensazioni. Avvertivo il bisogno di lanciare forte un urlo: l'urlo della mia libertà ritrovata, perché si alzasse alto, e ricadesse su di me lasciandomi spossata ma felice di essere tornata tra i vivi. Ma il silenzio della sofferenza, del dolore, dei ricordi che riaffioravano, mi soffocò, serrandomi la gola. L'unico sfogo alle tensioni, che il mio corpo poteva ancora permettersi, era il pianto, silenzioso, sofferto, troppe volte represso... E piansi.

Hedy mi avvicinò alla bocca un pezzo di quella cioccolata, ma, dopo aver conosciuto gli stenti della fame, avevamo difficoltà nel ricominciare a nutrirci. Mancava, del tutto, la forza di mangiare. Molti di noi, infatti, morirono per aver tentato di forzare il proprio organismo, mangiando voracemente ciò che potevano. Entrò nella mia baracca una dottoressa russa, accompagnata da due assistenti, che mi visitarono e mi rilevarono la temperatura.

Dopo avermi osservata attentamente, scuotendo la testa, quella dottoressa esclamò: «Incredibile... Hai resistito senza medicine e senza cibo, per tutto questo tempo... Davvero incredibile!» Decise poi, di farmi trasportare in una grande costruzione con enormi vetrate, per tenermi meglio sotto controllo.

Mi ricoverarono nell'ospedale del campo e, dopo un anno, mi ritrovai in un letto vero, con un comodo materasso, lenzuola bianche, una coperta pulita e due morbidi cuscini.

Mi sentivo a disagio, avevo perso dimestichezza con quel «lusso» e tutto, adesso, sembrava troppo per me.

Prima di poter essere rimpatriata, mi fu prescritto un periodo di quarantena nel campo per scongiurare definitivamente il pericolo di contagio e darmi anche la possibilità di rimettermi nella miglior maniera possibile.

Rimasi quindi a Theresin, ancora in isolamento, per quaranta giorni, assistita dai medici e dal personale della Croce Rossa Internazionale.

Vidi le mie compagne partire, tutte, prima di me.

Con loro se ne andò anche la cara Hedy Epstein, impaziente di raggiungere a Milano il figlio e il marito.

Prima di lasciarci, io ed Hedy, ci scambiammo la promessa che ci saremmo riabbracciate, prima o poi, un domani.

Al mio ritorno, seppi che aveva lasciato l'Italia, con i suoi cari, per stabilirsi in Australia. Non l'ho mai più rivista.

Anch'io avrei voluto ritornare subito a casa, ma

purtroppo, quella quarantena mi impose un ulteriore periodo di soggiorno forzato.

Le amorevoli attenzioni e le cure prestatemi dagli infermieri della Croce Rossa, mi aiutarono molto a superare le interminabili ore della giornata, ma, durante la notte, nel silenzio della camerata, una nuova e indicibile sofferenza cominciava a insinuarsi nella mia mente. Un tarlo inesorabile cominciò a scavare nei miei pensieri, impedendomi di dormire. Quel tarlo, che mi era stato compagno, durante l'anno della mia prigionia, stava lentamente aprendo una voragine nella memoria dei miei sentimenti.

Da quella voragine, riaffioravano i volti di papà, della mamma, dei miei affetti perduti. Per un lungo anno, erano stati sepolti, insieme alla mia anima, nei risvolti dell'alienazione del mio «non essere», nelle piaghe profonde della paura. Essi erano stati coperti dal granito della nostra miseria.

Tremai di dolore, nel prendere coscienza che, per tanto tempo, avevo pensato solo a me stessa, dimenticandomi del mio unico bene. Come avevo potuto?

Forse, pensavo, non era tutta mia la colpa: io amavo i miei cari, li adoravo.

Dovevo trovare un alibi a questa mia colpa. E ne trovai tanti: la miseria, la fame, le restrizioni, le punizioni, il dolore, la disperazione, la morte, la paura di essere cancellata e la forza di resistere, di provare a vivere al di là dell'odio. Ma era sufficiente tutto questo?

Sarei mai stata assolta, negli anni, dal tribunale dei miei ricordi, e dal giudizio della mia solitudine?

Con questi dubbi trascorsi il periodo della convalescenza, nell'ospedale del campo di Theresin.

Terminata la quarantena, ricevetti dall'amministrazione della Croce Rossa, della biancheria intima, un vestito, un giacchino di lana e un fazzoletto, per nascondere il mio orribile capo rasato. E quando, per la prima volta, dopo un anno, riuscii a guardarmi in uno specchio, ebbi difficoltà a riconoscermi: l'immagine rifletteva un misero, triste scheletro, di appena ventotto chilogrammi, che gli abiti rendevano, nell'insieme, penoso e grottesco.

Gli occhi fuori dalle orbite, un viso senza espressione, con due grosse fosse che delimitavano le labbra rinsecchite e piene di croste, pochi capelli che spuntavano lentamente sulla testa.

La mente ritornò alla mia immagine di ragazzina, riflessa nello specchio dell'atrio del mio palazzo a Vienna. Ripensai alla vuota e normale vanità di ragazzina e mi accorsi di quanto fossi cambiata, davanti a quest'altro specchio.

Un solo anno era stato sufficiente, per modificare le sembianze di una persona. Durante tutta la prigionia, avevo osservato i volti delle mie compagne che perdevano lentamente la loro forma. Mi ero preoccupata per le loro fattezze, i loro visi scarni e inespressivi, anticamera della morte, e non mi ero resa conto che, su quel palcoscenico della disperazione, dell'alienazione e della morte, anch'io avevo avuto un ruolo importante: ero stata anch'io attrice e non spettatrice.

Questo specchio, impietosamente, restituiva le mie sembianze e il mio scarno volto, avvicinandomi di più all'immagine di quella tragedia ormai vissuta.

Attraverso questo specchio, vedevo riflettersi l'immagine di un essere che era, irrimediabilmente, cambiato dentro e sentivo che niente mi avrebbe potuto più riportare indietro.

Attraverso questo specchio, rivedevo l'orrore di ciò che avevo sopportato e che mi avrebbe segnato per sempre.

Le ferite fisiche col tempo si leniscono, ma le umiliazioni, quelle restano, per sempre.

Una voce, dentro di me, mi richiamò alla realtà di quel momento: ce l'avevo fatta nonostante tutto.

Ero sopravvissuta. Il corpo aveva obbedito alla volontà e, ancora una volta, ero stata fortunata: i nazisti a Theresin avevano deciso di attuare la Endlösung, e di sterminarci tutti, il 12 maggio '45.

Le truppe russe erano entrate nel lager il 9 maggio: Dio mi aveva donato la vita ancora una volta, e ora ero pronta a lasciare quei luoghi dove parte di me sarebbe rimasta per sempre.

5.

Il 10 giugno '45, fui trasferita presso il Centro di smistamento del Consolato italiano di Praga.

Nella confusione che regnava, intravidi un volto conosciuto, quasi un flash, che si confuse presto con gli altri, scomparendo al mio sguardo. Era la mia compagna Ebe, riuscita a scappare durante il viaggio di evacuazione da Raghun a Theresienstädt. Dunque era viva! Ce l'aveva fatta e il suo coraggio l'aveva salvata.

Il tempo di rendermi conto che fosse proprio lei, non mi consentì di raggiungerla. Di Ebe non seppi più nulla.

Occorsero quattro giorni per il disbrigo delle pratiche burocratiche necessarie al rimpatrio.

Il 14 giugno, fui assegnata a un convoglio che rientrava in Italia, passando per l'Austria.

Il percorso prevedeva una fermata alla stazione di Vienna, e così mi rivolsi ai responsabili del convoglio, chiedendo il permesso di scendere per rivedere la mia patria d'origine, ma soprattutto, per mettermi alla ricerca di qualche familiare, scampato alla persecuzione e ancora vivo.

Avvertivo dentro di me la certezza che almeno

una delle sorelle di mia madre si fosse salvata e così, giunta a Vienna, carica solo del mio bagaglio di speranze, e senza perdere un solo istante, raggiunsi la casa di zia Lotte, al numero 20 di Heumuhlgaße, di fronte al Theater an der Wien e al «Mercatino delle Pulci».

Arrancai fino al secondo piano e col cuore che mi pulsava forte in gola, e le gambe che tremavano per l'emozione, suonai il campanello.

Non sapevo chi mi avrebbe risposto, ma speravo disperatamente che fosse mia zia e, quando da dietro la porta, mi parve di riconoscere la sua voce, mi lasciai andare a un pianto dirotto.

Dopo tanto tempo quella voce mi riportava alla famiglia, alle mie origini.

Aperta la porta, non riconoscendomi, zia Lotte mi chiese chi fossi. «Sono Lisl», risposi.

Il suo volto cambiò immediatamente espressione, lanciò un grido di spavento: «Dio mio... ma cosa ti hanno fatto. Da dove vieni...?»

Tirandomi, poi, dentro casa, mi chiese cosa fosse successo, dal momento che mi sapeva al sicuro in Italia.

Il suo dolce e intenso abbraccio, l'odore familiare della casa, i raggi di luce che filtravano dalle persiane socchiuse, mi riportarono presto in una dimensione di pace, che credevo persa per sempre.

Ci accomodammo sul divano, su cui era già seduta una sua amica. Sul tavolo, al centro della stanza, un grande vassoio pieno di dolci fatti in casa. Il mio sguardo affamato si posò su quel vassoio. Non riuscivo a distogliere gli occhi da quel tavolo, non riuscivo più a parlare.

Possibile che la fame, quel bisogno irrefrenabile di ingurgitare tutto e in un istante, mi avesse tolto ogni minima traccia di ritegno, rendendomi schiava di un istinto?

Zia Lotte si accorse del mio sguardo, e mi allungò il vassoio. «Prendi, figlia... mangia.»

In pochi attimi, quei dolci dal vassoio passarono nella mia bocca, piombando nello stomaco come un sasso in un pozzo vuoto.

Al mio racconto, alla vista delle mie condizioni e della mia fame, la zia e la sua amica scoppiarono a piangere, e l'unica cosa che udii uscire dalle loro labbra fu «Mein Gott... Mein Gott... Unglaublich.» (Mio Dio... Mio Dio... Incredibile).

Rimasi a Vienna, ospite della zia, per due lunghi mesi.

Ricordo che, in quel periodo, la zia faceva di tutto per rimettermi un po' in forze.

Come prima cosa, mi accompagnò dal medico per farmi visitare.

Soffrivo di una forte avitaminosi che mi aveva provocato profonde piaghe, sulle natiche, tanto dolorose da non poter stare seduta. Quel medico ci spiegò che la mia avitaminosi era la logica conseguenza del regime di vita a cui ero stata sottoposta, per tanto tempo. Le restrizioni alimentari, le condizioni igieniche che regnavano nei lager e la perdita del ciclo mestruale, avevano messo a dura prova il mio fisico.

Tutto sarebbe tornato alla normalità, con il tempo, riprendendo le abitudini di una vita sana e serena.

Zia Lotte in quei giorni si dedicò alle mie cure,

con un affetto, una dolcezza, una dedizione che pensavo non mi appartenessero più, non facessero più parte delle cose terrene.

Mi diede amore e protezione, riconciliandomi con l'aria che respiravo e aiutandomi a riprendere lentamente sembianze umane.

Una fame smisurata, in quei primi giorni di lento ritorno alla vita, mi faceva mangiare, smoderatamente, tutto ciò che di commestibile mi si presentava davanti, tanto da condizionare, in modo pericoloso, la mia ripresa. La necessità di tutelare la mia salute, costrinse zia Lotte a chiudere a chiave la dispensa: decisione per lei dolorosa, ma utile per il mio bene.

Per ovviare all'inconveniente di non poter stare seduta a causa delle piaghe, la zia mi fece fare un cuscino a forma di tarallo che portavo con me, in ogni momento della giornata.

Mi fece anche preparare un ciuffo di capelli finti, legato a un fiocco, da indossare sotto un foulard, perché non sembrassi completamente calva.

Nonostante le attenzioni, le premure, le amorevoli cure della cara zia Lotte, mi sentivo a disagio in mezzo alla gente: avvertivo la «curiosità» di chi si voltava a guardare, presumibilmente colpito dalla mia impressionante magrezza e dal mio impacciato modo di camminare. Avevo la sensazione di essere al centro dell'attenzione di tutti. Non tolleravo il mio «stare» fra gli altri.

Questo mio atteggiamento, questo mio modo di reagire alla ovvia difficoltà di reinserimento nella vita, mi condizionarono lentamente e progressivamente, portandomi a isolarmi dal mondo degli «altri», facendomi ritenere che niente sarebbe potuto più tornare come prima.

In quei giorni di confusa e forzata serenità, un pensiero, fino ad allora nascosto in un angolo buio delle mie paure, mimetizzato nell'incolpevole dimenticanza e nell'incolpevole bisogno di chi ha tentato di sopravvivere alla miseria, all'orrore, al nulla, cominciò ad affiorare, prepotentemente: la mia casa, i miei ricordi, mia madre, che cosa ne era stato della mia dolce mamma Siddy?

Una domanda di cui temevo, inconsciamente, la risposta.

Zia Lotte comprese il mio atteggiamento di quei giorni.

Comprese che la mia agitazione, il mio malessere, non potevano essere guariti con nessuna medicina, e così, quando le spiegai il bisogno di rivedere la «mia casa», di risentire i passi nella Strozzigaße, intuì che per me non esisteva nulla di più importante e decise, allora, di lasciarmi andare da sola, perché potessi riappropriarmi delle mie illusioni. Temeva, zia Lotte, quel momento, ma rispettò quel bisogno, amando la mia innocente debolezza.

Mentre mi avvicinavo alla «mia casa», attraversando vecchi e cari luoghi che mi avevano visto crescere, cercavo di riportare indietro il tempo, ma niente era più come prima.

La guerra aveva lasciato i suoi inconfondibili segni: chiese, case, strade distrutte dai bombardamenti davano, alla mia Vienna, un aspetto sinistro e desolante. Dietro ogni pietra si scorgeva una lacrima, dietro ogni lacrima il peso della follia dell'uomo. Non si poteva tornare più indietro. Tutto era irrimediabilmente cambiato.

Il contatto con luoghi che quasi non riconoscevo, mi svegliò bruscamente dall'illusione che, alla fine della guerra, tutto sarebbe pian piano tornato al suo posto.

Avevo nutrito fino ad allora il sogno che ogni cosa vissuta, fosse stata solo un incubo dal quale mi sarei, prima o poi, risvegliata. Ma, la realtà si era di nuovo impadronita dei miei sogni e della mia necessità di «credere ancora».

Mano a mano che il cammino avvicinava la mia casa ai miei passi, rivedevo, come un flash, la mia vita umiliata e offesa e i volti di tutti i miei cari.

Sentivo, ancora, nell'aria, le grida dei miei compagni, all'uscita di scuola, sentivo, ancora, l'odore della vita che, per me, si era fermata a vent'anni.

Ma non c'era più nessuno ad aspettarmi.

Ho sperato di rivedere mia madre, ancora una volta, mentre va su e giù per la Strozzigaße al numero 32. Mia madre che aspetta con ansia il mio ritorno.

Avevo vagato per mezza Europa, nella speranza di sfuggire a un destino già segnato. Avevo perso la mia identità, per ritrovarmi schiava di un numero A-24020 e adesso, prigioniera del nulla, ero davanti alla «mia casa», abitata da altra gente: una famiglia nazista, così mi è stato detto.

Ho abitato ad Auschwitz, Bergen-Belsen, Theresin, ho conosciuto le miserie e l'orrore di uomini senza anima, soldati senza cuore che hanno carpito la nostra libertà, senza darci né il tempo, né il modo di difenderla, confinandoci in un mondo di schiavitù, di odio, in cui era impossibile ritrovarsi esseri umani.

Hanno cercato di distruggere, in me, il sentimento della pietà.

Ho lottato per non morire prima, dovevo lottare per vivere e ora stavo imparando a conoscere la paura di questa nuova realtà: la paura del mio essere «viva».

Ma non era mia, la colpa di essere viva: erano stati il Destino e Dio, che avevano deciso per me. Dio sapeva quanto avrei dovuto ancora soffrire.

Adesso la «mia casa» è lì, di fronte a me.

Mi avvicino, il portone è aperto, provo a entrare.

Attraverso il giardino e salgo sul pianerottolo.

Sento odore di cucina e alcune voci che giungono dall'interno: mi faccio coraggio e busso due volte.

Il cuore mi scoppia in gola e mi soffoca.

Mi apre una donna... «Ja?... Was wollen Sie?...»

Riesco a dirle a malapena strozzando le parole: «Sono Elisa Springer, e in questa casa ho lasciato la mia giovinezza, per seguire un mondo di disperati e di innocenti che andavano al rogo; la prego, mi conceda un attimo di pietà, non mi cacci via, so che per lei è difficile, ma mi faccia entrare, mi faccia guardare un attimo del mio passato... andrò via subito, non le darò disturbo.»

Alle pareti c'erano ancora dei quadri di famiglia, i nostri quadri. La mia famiglia appesa a un muro. I miei occhi, gonfi di lacrime, si sono posati su un quadro in particolare.

La signora, sulla porta, ha seguito il mio sguardo e mi ha concesso di toglierlo dalla parete e portarlo via con me.

Quel quadro per me è tanto, è tutto: oggi, è appeso al muro dei miei ricordi nella mia casa.

Trascorsi due mesi, mi resi conto di non poter più rimanere a Vienna.

La mia cittadinanza italiana, mi impediva di trovare un qualsiasi lavoro in Austria e, allo stesso tempo, non me la sentivo di continuare a essere ospite, e vivere sulle spalle di mia zia.

Dunque, non mi restava che tornare a Milano, dove avrei, sicuramente, ritrovato qualche vecchia amicizia e, soprattutto, la possibilità di un lavoro.

Ormai mi rendevo conto di non avere più radici.

Vienna non aveva più posto per i suoi figli.

Nel mio paese d'origine, non c'era spazio per le mie speranze.

Eppure, tornando fra i vivi, mi ero illusa che il mondo potesse pentirsi della propria indifferenza, accogliendoci come martiri innocenti.

Nessuno si accorgeva che i nostri mucchi di ossa, a stento ricomposti, volevano ancora vivere, reclamando dignità, prima ancora di morire?

A cosa era servito sopravvivere ai lager se poi avremmo dovuto chiedere scusa per essere vivi?

Mi sentivo umiliata, sconfitta. Libera di soffrire ancora, ero condannata a camminare ancora... e gli altri? La mia famiglia? Tutti morti.

Non c'era più nessuno.

La mia vita, ora, non serviva proprio più a nessuno?

Non riuscivo a capire, ero confusa; solo una certezza: ero sola, non avevo più radici.

Dovevo partire, andarmene, nell'illusione che da qualche parte ci fosse ancora posto per me, ebrea sopravvissuta all'odio, degna di ricevere una speranza di vita.

Con uno degli innumerevoli convogli che, ancora, rimpatriavano ex prigionieri, lasciai l'Austria, alla volta dell'Italia. Mi sentivo ferita, straziata, per essere sopravvissuta allo sterminio della mia famiglia.

Sentivo il bisogno di pensare a un domani di pace. Pace che, dal ritorno fino a oggi, ha voluto dimenticarsi di me. Pace, che non è riuscita a conciliare la mia mente e il mio cuore. Pace, che ha scavato un solco profondo tra i miei sogni, le mie speranze, le mie illusioni e la vita.

Prima di salire sul treno che mi avrebbe riportato in Italia, strinsi forte, forte, zia Lotte, e le rivolsi un'ultima, pressante preghiera. Le chiesi di continuare a fare ricerche presso la Croce Rossa Internazionale di Vienna, per raccogliere quanto più possibili e attendibili notizie sulla sorte di mia madre.

Il convoglio, lentamente, cominciò a muoversi.

Avrei voluto piangere, gridare la mia solitudine, ma riuscii solo a guardare la zia, fino a quando la sua figura non divenne un piccolo punto in fondo al binario: quel punto chiudeva per sempre la storia della mia famiglia.

Zia Lotte in seguito morì di leucemia.

Avvicinandosi alla frontiera, il treno, inesorabilmente, definitivamente, mi allontanava dall'odore dell'erba che si diffondeva nell'aria: l'odore a me caro della mia terra. Ero nei pressi di Bolzano.

Mi apprestavo a vivere, senza saperlo, una delle scene più belle del mio ritorno.

In prossimità della frontiera, al passaggio del treno che aveva rallentato la sua corsa, tanta gente ci venne incontro, salutandoci con fazzoletti. Tante persone, soprattutto bambini, con ceste piene di frutta applaudivano in segno di affetto e amicizia, e lanciavano verso il nostro vagone, adesso aperto, tante mele, gridando il loro benvenuto, con la speranza di farci coraggio e di vederci sorridere.

Tutta quella gente sapeva che quel treno portava con sé un carico di disperazione, di solitudine, di dolore.

Sapeva, che con quel treno rientravano in Italia le miserie dei deportati dai lager nazisti, dai cimiteri d'Europa: quell'Europa che, per tanto tempo, noi credevamo soffocata dal peso dell'indifferenza. Non si può credere quanto importante fosse, per noi, sentire intorno il calore della gente, dopo aver subito tanta folle cattiveria. Dopo cinque lunghi anni di buio, un gesto d'amicizia, un gesto cordiale che cercava in noi un sorriso, cercava di restituirci il senso della parola amore.

Ci gridavano che eravamo liberi, che dovevamo vivere e sperare. Quella gente ci stava restituendo la vita e noi stavamo rinascendo per la seconda volta.

«Ma adesso tocca a voi» gridai dal portellone del vagone bestiame, col fiato che avevo in gola, a dei ragazzi che sventolavano i loro fazzoletti. «Tocca a voi, che siete stati più fortunati, aiutarci ad avere ancora fiducia in questa vita... perché noi... noi abbiamo vissuto oltre la paura.»

Era l'agosto del '45: con queste parole chiudevo il mio capitolo sulla morte.

Era l'agosto del '45: con questa speranza riprendevo, per la seconda volta, il capitolo della vita.

Oggi, dopo cinquant'anni, quelle miserie riaffiorano, alimentate dal farneticante ideologismo di chi foraggia, sostiene, istruisce, strumentalizza e... gabella, i gruppuscoli nazi-fascisti, aggregandoli politicamente ed educandoli all'intolleranza e al razzismo. Dietro questo squallido e camuffato atteggiamento ideologico, si nascondono le insoddisfazioni e le illusioni di chi, suo malgrado, è condizionato a vivere ghettizzato ai margini della società. Della sua irragionevole vita, del suo irreversibile fallimento sociale, non ha colto il senso: è finito, perché non ha capito nulla. I fatti da noi vissuti e i nostri morti sono la sua condanna. Si continua a mettere in dubbio, a negare, che l'uomo comune abbia potuto generare i lager e in essi, cancellare milioni di esseri indifesi. Se tutto così tristemente fosse, allora la mia stessa vita, la mia sofferenza e il mio dolore, non sarebbero mai esistiti.

Ma io, Elisa Springer, figlia di Richard e Sidonie, ho conosciuto il tormento della mente e dell'anima, la solitudine della miseria umana, la negazione del sentimento della pietà, il dolore della morte degli affetti più intimi e delle persone più care, la disperazione di essere sola in questo mondo.

Io, Elisa Springer, ho visto Dio. Nel fumo di Birkenau, che alzava al cielo il dolore del mondo, e spargeva sulla terra l'odore acre della sofferenza. Ho visto Dio.

Ho visto Dio, percosso e flagellato, sommerso dal fango, inginocchiato a scavare dei solchi profondi sulla terra, con le mani rivolte verso il cielo, che sorreggevano i pesanti mattoni dell'indifferenza.

Ho visto Dio dare all'uomo forza, per la sua di-

sperazione, coraggio alle sue paure, pietà alle sue miserie, dignità al suo dolore.
Poi... lo avevo smarrito, avvolto dal buio dell'odio e dell'indifferenza, dalla morte del mondo, dalla solitudine dell'uomo e dagli incubi della notte che scendeva su Auschwitz.
Lo avevo smarrito... insieme al mio nome, diventato numero sulla carne bruciata, inciso nel cuore con l'inchiostro del male, e scolpito nella mente, dal peso delle mie lacrime.
Lo avevo smarrito... nella mia disperazione che cercava un pezzo di pane, coperta dagli insulti, le umiliazioni, gli sputi, resa invisibile dall'indifferenza, mentre mi aggiravo fra schiene ricurve e vite di morti senza memoria.
HO RITROVATO DIO... mentre spingeva le mie paure al di là dei confini del male e mi restituiva alla vita, con una nuova speranza: io ero viva in quel mondo di morti.
Dio era lì, che raccoglieva le mie miserie e sollevava il velo della mia oscurità.
Era lì, immenso e sconfitto, davanti alle mie lacrime.

Io ho vissuto per non dimenticare quella parte di me, rimasta nei lager, con i miei vent'anni.

Ho vissuto per difendere e raccontare l'odore dei morti che bruciavano nei crematori, per difendere la memoria di tutti i miei cari e di tanti innocenti, memoria che oggi si tenta ancora di infangare.

Ho vissuto per raccontare che le ferite del corpo si rimarginano col tempo, ma quelle dello spirito mai. Le mie sanguinano ancora.

Nostra è, ancora oggi, e sempre, la sofferenza di quel tempo, il nostro camminare avanti, fra mille difficoltà.

Abbiamo vissuto la degenerazione, la nostra «vita indegna», ma siamo sopravvissuti, cercando di cancellare la nebbia e il buio, dalla nostra mente.

I nostri figli, tutto questo lo hanno già compreso, lo portano nel cuore. La nostra sofferenza, il nostro disagio, il nostro bisogno di riscatto, sono diventati la loro eredità.

I nostri figli soffrono il nostro passato.

I nostri figli soffrono, oggi, il nostro malessere, le nostre ansie, le nostre paure.

Gli altri sappiano che dalle macerie della nostra esistenza, sono nati loro, i nostri figli, stelle che abbiamo seguito per tutta la vita, con tutte le forze e che rappresentavano il riscatto, la vita che continua, nonostante tutto, la storia che va raccontata, che loro devono raccontare.

Auschwitz ha rappresentato, per noi, il buio, le nostre stelle son servite a illuminarlo.

A settantasette anni sono tornata ad Auschwitz-Birkenau.

È stata la rivincita della mia vita sulle miserie della morte.

Mi sono ritrovata libera di camminare in quel deserto di morte senza speranza, libera di piangere la mia solitudine, appoggiandomi all'uomo che, mai, avrei sperato di conoscere: *mio figlio.*

Lui ha compreso il senso della mia esistenza: ho vissuto, per cinquant'anni, ad Auschwitz all'ombra del Camino.

Da cinquant'anni, una volta all'anno, ritorno a

Vienna, raggiungo il Zentral Friedhof e mi fermo davanti a una scritta: «RICHARD SPRINGER, geb. 5-11-1879 – gest. 28-12-1938, Buchenwald».

Prego sulla tomba di mio padre, e depongo, ogni volta, una pietra[1]: la pietra dell'amore e della vita.

Penso che un altro anno è passato... Il tempo scandisce la distanza che mi separa dai miei cari, ricordandomi che prima ancora di morire ho avuto la fortuna di rinascere per vivere.

Da cinquant'anni, ogni anno, mi fermo davanti al portone della «mia casa», in Strozzigaße, 32: non ho più il coraggio di entrare, ma piango.

È strano, ho la sensazione di non essermi mai allontanata, è come se fossi rimasta lì ad aspettare la mia vita, il mio domani.

Ripenso a quel quadro appeso all'ingresso: raffigura una strada, senza inizio né fine, in mezzo a un bosco di betulle.

Lì ho lasciato il mio Passato. Lì si è fermato il mio Presente...

Il mio Domani, adesso, ha gli occhi di mio figlio...!

[1] Simbolo di continuità e presenza, di memoria.

Tanti sopravvissuti, come me, hanno fatto ritorno in quei campi di dolore, in quei cimiteri del silenzio, per ricordare agli altri, che quel dolore è vivo, vero, vissuto, e che i segni sono impressi nella nostra carne.

Noi sopravvissuti abbiamo «dovuto» ricordare, per la memoria degli uomini, cose, luoghi e momenti che avremmo preferito dimenticare. Ma soprattutto, abbiamo «voluto» testimoniare a noi stessi, il miracolo della vita, nata dalle macerie della morte!

Ebbene, anche questo «miracolo» ha rappresentato per tutti noi, un momento infinito di tristezza: ad Auschwitz, Bergen-Belsen, Buchenwald, Mauthausen, Majdanek, Trebljnka, nell'aria, abbiamo riabbracciato i nostri cari morti. A loro, abbiamo parlato delle menzogne di un mondo, che ha disprezzato la loro passione, negandone la memoria; un mondo che non ha pianto il lamento di Auschwitz, un mondo che ha dimenticato Auschwitz, per paura della sua vergogna!

A quei morti, abbiamo portato il respiro della vita che continua, abbiamo donato il nostro silenzio ferito, per la loro redenzione. Abbiamo raccontato di una nuova generazione che non sapeva, e di giovani che ora, non vogliono dimenticare.

Per questi giovani, gli ebrei, gli zingari, i M. Kolbe, i bambini, i Testimoni di Geova, gli omosessuali, gli artisti, i musicisti sterminati nei lager, continueranno a vivere ed essere storia!

A Birkenau, il Portone della morte, non si richiuderà più sulla memoria, il binario che l'attraversa, non si fermerà più sulla rampa, ma si frantumerà, disperdendosi, davanti all'altare delle coscienze e della conoscenza, davanti ai ceri della preghiera e ai fiori del riscatto.

Lì, in quel punto, si incontreranno i giovani liberi, i ragazzi della pace, e lì ad Auschwitz-Birkenau, dalle ceneri sparse fra le zolle, continuerà a nascere la nostra vita!

E.S.

Stampato da
La Grafica & Stampa editrice s.r.l., Vicenza
per conto di Marsilio Editori® in Venezia

EDIZIONE	ANNO
10 9 8	1997 1998 1999 2000 2001